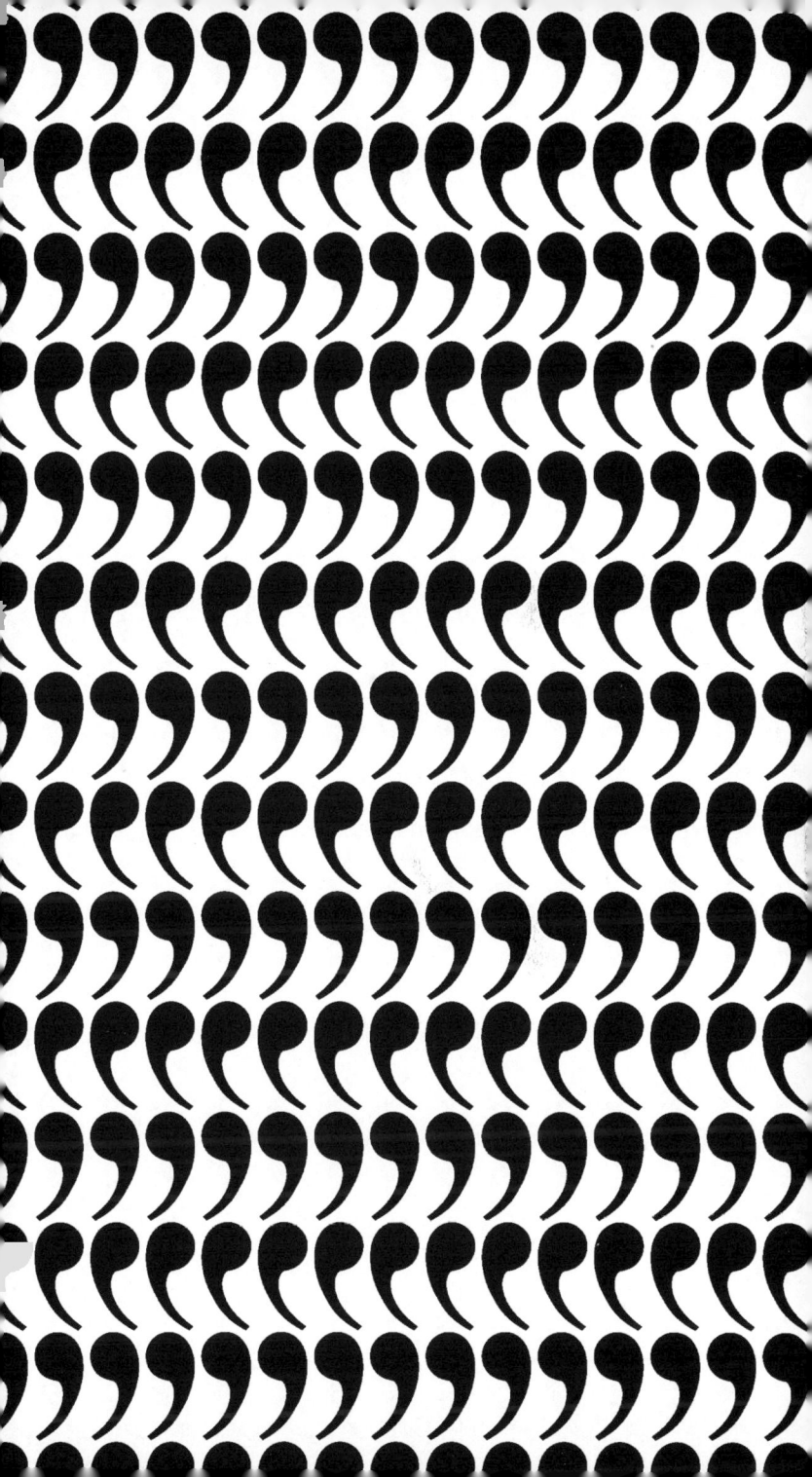

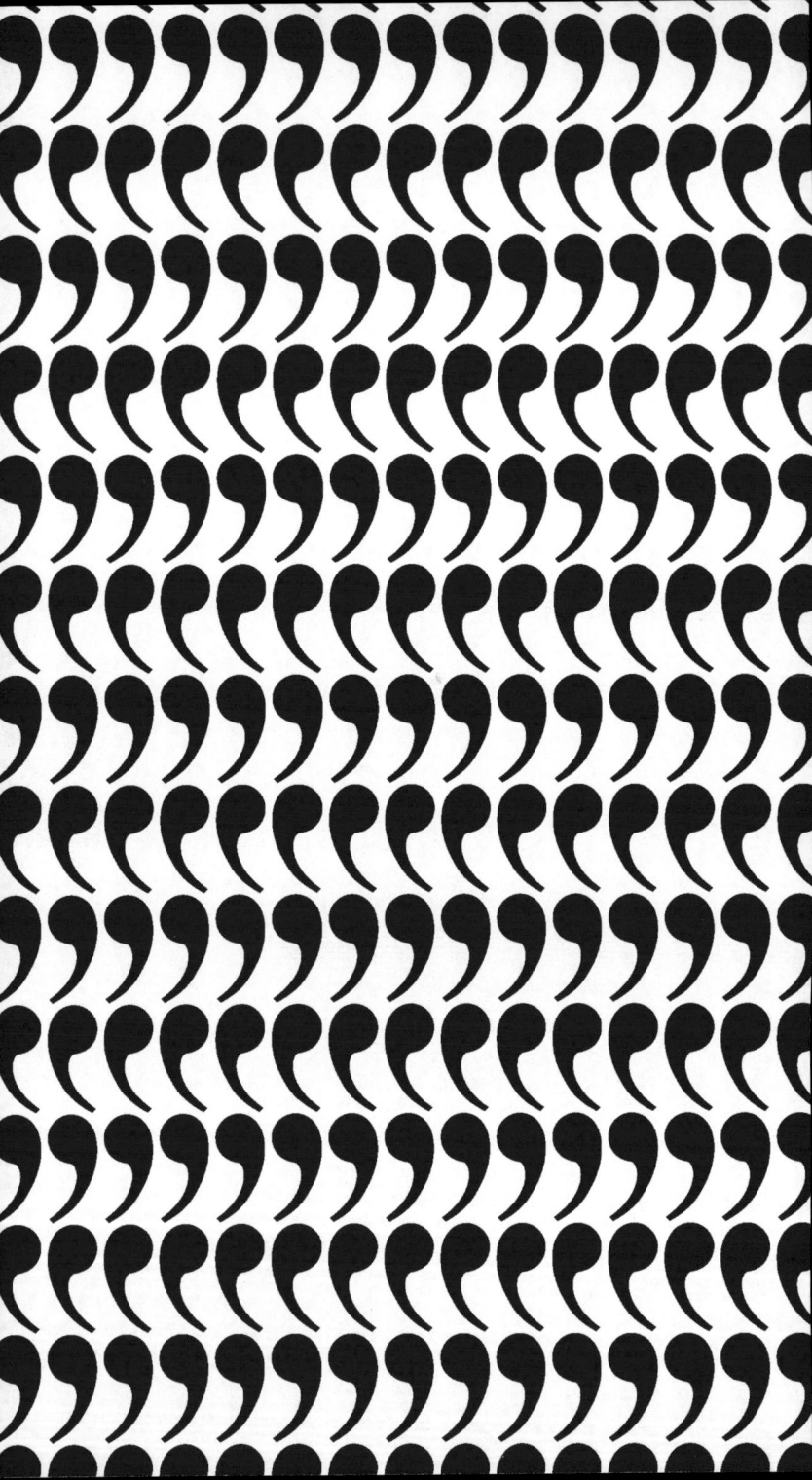

Michalsen, Bård Borch / Retórica / Bård Borch
Michalsen. - 1a ed. - Ciudad Autónoma de Buenos Aires:
EGodot Argentina, 2026. /240 p. ; 20 x 13 cm.

ISBN 978-84-19990-66-2
Depósito legal: M-28033-2025

Título original *Retorikk 2.0. Knekk koden for muntlig og
skriftlig formidling*

© Bård Borch Michalsen, 2023

Publicado por primera vez en noruego por Spartacus
en 2023. Esta traducción fue publicada con el apoyo
financiero de NORLA.

Traducción Ana Flecha Marco
Corrección Federico Juega Sicardi
Diseño de tapa Iván Brizuela
Diseño de interiores Víctor Malumián
Ilustración de Michalsen Max Amici

© Ediciones Godot
www.edicionesgodot.com.ar
info@edicionesgodot.com.ar
Facebook.com/EdicionesGodot
Twitter.com/EdicionesGodot
Instagram.com/EdicionesGodot
YouTube.com/EdicionesGodot
Buenos Aires, Argentina, 2026

Impreso en España
Artes Gráficas Cofás, S.A,
Móstoles, Madrid, enero de 2026

Retórica
Descifra el código de la comunicación
Bård Borch Michalsen

Traducción
Ana Flecha Marco

Antiguos héroes de la retórica que conocerás en este libro

ARISTÓTELES (384-322 a. C.) es el filósofo de la civilización occidental. Sentó las bases de la ciencia moderna en Atenas y fue profesor de ética, filosofía política, lógica y retórica. Las enseñanzas de su obra *Retórica* siguen siendo el punto de partida de quienes se adentran en la retórica como disciplina o como práctica. Una cita que vale la pena conocer: "La retórica es la facultad de considerar en cada caso lo que sirve para persuadir".

MARCO TULIO CICERÓN (106-43 a. C.) fue un político, jurista, escritor y retórico romano. Practicaba la retórica oralmente y por escrito y escribió un manual que se ha convertido en una obra de referencia: *Sobre el orador.* Una cita que vale la pena conocer: "¿Hasta cuándo abusarás, Catilina, de nuestra paciencia?".

MARCO FABIO QUINTILIANO (35-100 d. C.) nació en España, pero estudió y vivió en Roma, donde ejerció como abogado y fue el primer profesor de retórica de Europa. Su libro *Instituciones oratorias* (en latín, *Institutio oratoria*) fue un éxito de ventas en su época, se redescubrió en el Renacimiento y todavía se consulta como si fuera un recetario de retórica. Una cita que vale la pena conocer: "No hables de manera que te entiendan bien, sino de manera que no puedan entenderte mal".

*

¿Orador? ¿Retórico? En este libro se usan dos conceptos indistintamente para hablar de personas que llevan a cabo actos retóricos, ya sea por escrito o de manera oral. La mayor parte de lo que se trata en el libro sirve tanto para escribir como para hablar, pero algunos aspectos solo se aplican a una de esas dos maneras de expresarse.

Escribe para que las palabras surtan efecto, enúncialas para que lleguen a la gente

"¡Basta de silencios! Griten con cien mil lenguas porque, por haber callado, el mundo está podrido".

CATALINA DE SIENA

AÚN SE ENCUENTRA EN la basílica de Santo Domingo en la ciudad toscana de Siena, en Italia; los restos de su cabeza se conservan en un relicario en un templo gótico de la iglesia. La cabeza pertenece a una mujer que llenaba las iglesias hace seiscientos cincuenta años.

Cuando Catalina di Jacopo di Benincasa (1347-1380) habla en la basílica de Santo Domingo de Siena, la gente acude en riadas desde el centro de la ciudad, desde los viñedos y los olivares de las laderas de las montañas. Cientos de personas se agolpan en la iglesia, abren los ojos, los oídos, el corazón y el entendimiento. Catalina apenas alcanza un metro y medio de altura sobre el suelo arcilloso y seco de la Toscana, pero planta los pies con firmeza y deja que su alma se eleve con una voz que llega hasta el último banco.

La cabeza que encontramos hoy en la basílica de Siena son las reliquias de una persona que se hizo santa por decisión de la Iglesia católica, pero que también se convirtió en una inspiración retórica de una época en la que las mujeres no tenían ni tribuna ni micrófono ni cuenta propia en Instagram o TikTok. Quería hablar, tenía que escribir e hizo ambas cosas para papas y reyes, agricultores y carpinteros, prostitutas y convictos. Encontró un lenguaje que la gente entendía; cuando Catalina hablaba en la iglesia, apelaba a la vida cotidiana de su audiencia de la Toscana a finales de la Edad Media. Cuando escribía a los generales, utilizaba el lenguaje militar. Cuando escribía al papa, echaba mano de lo que había leído para sí en sus momentos de tranquilidad. Cuando se dirigía a los vecinos, describía la puesta de sol de la Toscana, los girasoles, el vino de Chianti, la lucha por el pan de cada día y los días en los que no había harina. Se acercaba a las personas allá donde se encontrasen. Escribía para que las palabras surtieran efecto, las enunciaba para que llegaran a la gente.

Catalina de Siena fue la vigesimocuarta hija de la familia Benincasa. Se unió a la Orden Dominica desde muy joven como laica. Esto le permitió viajar y hablar con la gente. Predicó y en pocos años escribió 375 cartas. Como mujer joven sin formación, consiguió convencer al papa Gregorio XI oralmente y por escrito para que volviera a cambiar la capital de la Iglesia de la ciudad francesa de Aviñón a Roma. Mediaba entre las ciudades de Pisa y Lucca. Y persuadió a la reina de Nápoles en cuestiones políticas y religiosas.

En la Edad Media, nadie escribía como Catalina. Ella misma tuvo que encontrar un lenguaje y un estilo que pudiera convencer a su público. Daba giros retóricos donde el estilo se entrelazaba con el mensaje central. "Estamos unidos", escribió, haciendo lo que hacen los oradores cuando necesitan conectar con su público. "¿Cuándo voy a conseguirlo?", se preguntaba. "Cuando llegue el momento", se respondía a sí misma. Plantear preguntas funciona. Y describió las contradicciones: "Haciéndote pequeño, nos haces grandes".

Catalina de Siena es la patrona de Italia y, desde principios del milenio, de toda Europa. ¡Es necesaria! Pero ese no es el motivo por el que abre este libro desde el muro de una iglesia de Siena. He escogido a Catalina porque, gracias a su voluntad, su esfuerzo y su sacrificio, se convirtió en una autoridad. Ocurrió contra todo pronóstico, y la verdad es que si ella pudo, tú también. Catalina fue una ciudadana retórica que defendió los ideales de la Acrópolis de Atenas, el Foro Romano y nuestras democracias europeas actuales. "Di la verdad en un millón de voces. Es el silencio lo que mata", dijo santa Catalina de Siena.[1]

Via Benincasa en Perugia,
Italia, diciembre de 2022
BÅRD BORCH MICHALSEN

1. Cheryl Forbes, *The Radical Rhetoric of Caterina Da Siena,* Rhetoric Review, 2004.

Descifra el código
Fórmula

1. Ten claros tus objetivos. ¿Por qué vas a hablar o a escribir? ¿Qué quieres conseguir con tus palabras?

2. Aclara el contexto. ¿Cuál es el punto de partida? ¿Cuáles son las condiciones y el marco de lo que vas a transmitir, tanto en su conjunto como en detalle? ¿Tiempo? ¿Lugar? ¿Género? ¿Canal?

3. Decide con quién vas a hablar o para quién vas a escribir. ¿Qué necesita el público? ¿Qué expectativas tiene? ¿Cómo pueden encontrarse sus respectivas necesidades y deseos?

4. Encuentra el mensaje clave. ¡Una sola frase!

5. Obtén la materia prima. Encuentra la información que necesitas para apelar al cerebro y al corazón: datos, investigaciones, ejemplos, anécdotas, historias.

6. Haz un esquema.

    ¶ Introducción: capta la atención y el favor del público.

    ¶ Cuerpo: ¡tres puntos clave!

    ¶ Conclusión: transmite a tu público cuál es el siguiente paso.

7. Elige bien las palabras: sencillas, pero con estilo.

8. Escoge tus herramientas: ¿un PowerPoint mejoraría la presentación? ¿Hay algo que puedas mostrar?

9. Ensaya y sigue ensayando.

10. El momento de la verdad: ¡asiste!

DIAGRAMA DE FLUJO:
El proceso de trabajo retórico, paso a paso

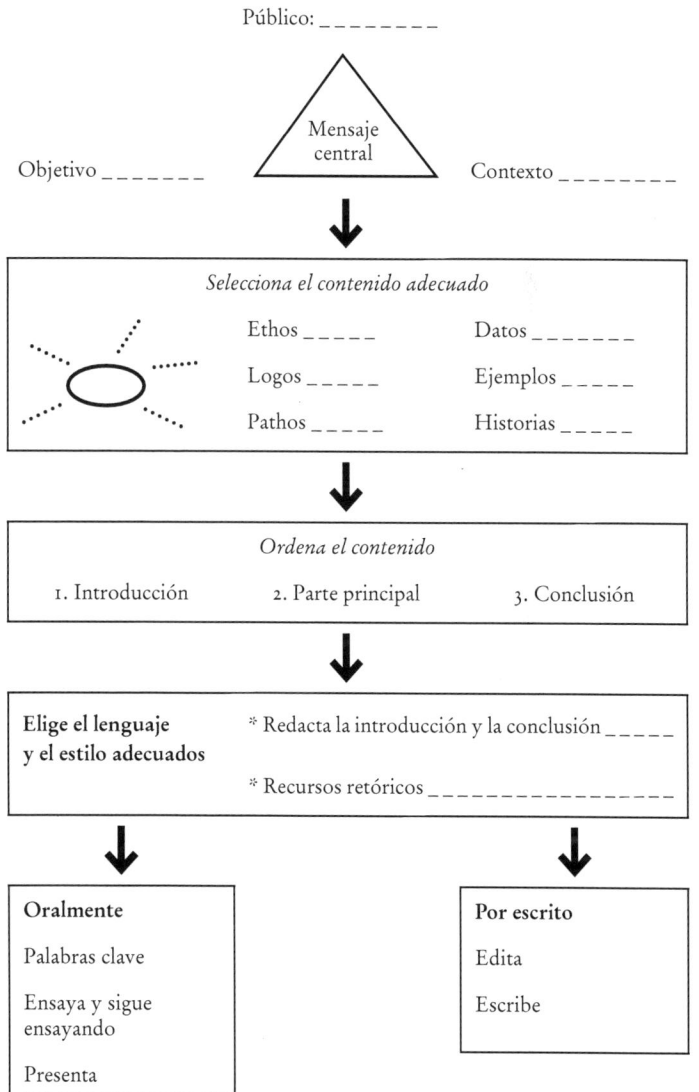

Público: _ _ _ _ _ _ _

Mensaje
central

Objetivo _ _ _ _ _ _ _

Contexto _ _ _ _ _ _ _ _

Selecciona el contenido adecuado

Ethos _ _ _ _ _   Datos _ _ _ _ _ _ _

Logos _ _ _ _ _   Ejemplos _ _ _ _ _

Pathos _ _ _ _ _   Historias _ _ _ _ _

Ordena el contenido

1. Introducción   2. Parte principal   3. Conclusión

**Elige el lenguaje
y el estilo adecuados**

* Redacta la introducción y la conclusión _ _ _ _ _

* Recursos retóricos _ _ _ _ _ _ _ _ _ _ _ _ _ _ _ _

Oralmente

Palabras clave

Ensaya y sigue
ensayando

Presenta

Por escrito

Edita

Escribe

La primera versión beta
de la Antigüedad

¿**C**ÓMO PODRÍAN LOS CAMPESINOS de Siracusa, Sicilia, argumentar para recuperar las tierras que los tiranos les habían confiscado? La pregunta atormentaba a muchos hace dos mil quinientos años, pero había respuestas. Un hombre llamado Córax enseñaba oratoria persuasiva y también escribió algunos consejos en un manual de retórica.

Los campesinos recuperaron las tierras que les habían robado: había nacido la retórica.

Al principio, la palabra era oral. El primer ser humano que empezó a hablar hace cincuenta mil años se expresó con intención y de manera convincente sobre los peligros que lo amenazaban, como animales peligrosos o vecinos hostiles. El primer ser humano adaptó el discurso a su público y eligió los momentos, las palabras y el estilo adecuados para la situación. Lo que era apropiado para todos a la hora de la cena podía cambiar durante la noche. Quizá usara las manos para señalar y el rostro para enfatizar la seriedad del asunto. Si el primer ser humano también hubiera tenido la reputación de ser confiable, es muy probable que su mensaje se tuviera en cuenta. El primer ser humano orador se comunicaba retóricamente, y de esa forma de comunicación trata este libro. Por este motivo, aquí no vamos a centrarnos en la conversación sin objetivos, como cuando los primeros humanos se sentaban alrededor del fuego al anochecer y contaban chismes o anécdotas de los viejos tiempos, por ejemplo, sobre quién hacía qué entre los árboles cuando se creía oculto por la oscuridad. Bueno, en realidad también deberíamos incluir esa forma de comunicación en sí misma —la de contar historias— en la comunicación retórica.

La comunicación oral se impuso durante mucho tiempo como la única forma verbal de comunicación, pero hace seis mil años, unas mentes sabias de Oriente Medio descubrieron que era posible transformar el material lingüístico oral en signos tallados en piedra o madera que posteriormente podían recuperarse como documentación de lo dicho. Los primeros escritores también escribían con un propósito. Escribían para un público en una situación concreta y escribían para que sus palabras llegaran a sus receptores. Al principio, el objetivo era convencer sobre la culpa y la deuda. Escribían de forma retórica, pero no sabían que lo estaban haciendo. La retórica aún no era ni una materia de estudio ni un arte ni una ciencia. Sin embargo, muchos pensaban retóricamente y utilizaban recursos retóricos para planificar y transmitir sus palabras. Peitho, la diosa de la persuasión, estaba representada en Atenas antes de que nadie hablara de retórica, y quienes recitaban versos o proclamaban opiniones reflexionaban sobre formas de ganarse el favor de su público.

Es posible que Homero fuera uno de los primeros retóricos en ejercicio, alrededor del año 800 a. C. En sus obras *Odisea* e *Ilíada,* hace que los personajes hablen de manera directa, con el narrador como comentarista y juez retórico. Cuando el náufrago Odiseo se encuentra con la princesa Nausícaa, la saluda cortésmente y la compara con una diosa. Luego le pide ayuda. Sus palabras la conmueven, y el narrador de la *Odisea* opina que el discurso es convincente e inteligente. En la *Ilíada,* el narrador caracteriza a Néstor como un hombre "suave en el hablar, elocuente orador de cuya boca las palabras fluían más dulces que la miel". Homero no solo practicaba la retórica, también reflexionaba sobre sus herramientas.

Desde que hablamos y escribimos (y probablemente también cuando nos conformábamos con el lenguaje corporal), hemos practicado la retórica, pero fue en la Antigüedad cuando la retórica se convirtió en lo que podríamos llamar una rama del saber. Sucedió hace dos mil quinientos años en una colonia griega de la ciudad de Siracusa, en la actual Sicilia, en Italia. Un trocito de Grecia en lo que después formaría parte del Imperio romano. Es decir, la retórica no pudo haber nacido en un lugar más apropiado, pues es precisamente la Antigüedad griega y romana la que nos ha proporcionado perspectivas que siguen resultando relevantes en el presente. Cicerón se convirtió en uno de los gigantes de la retórica antigua. Él también visitó Siracusa y dijo algo que a los turistas les encanta repetir: Siracusa, en Sicilia, es la más grande de las ciudades griegas y la más bella de todas.

Estas palabras siguen vigentes. Siracusa es una joya situada en la parte del Mediterráneo que se conoce como mar Jónico, y la ciudad se enorgullece de sus raíces. Aún quedan ruinas de palacios y templos que se construyeron durante los quinientos años de dominio de los griegos, hasta que los romanos tomaron el poder en el año 200 a. C.

Hay museos que cuentan la historia de la Siracusa griega y lugares en los que se recuerda a las personas ilustres de la ciudad. Aun así, la ciudad ha olvidado a Córax, el fundador de la retórica. Nadie conoce su historia. Los libros sobre la historia de la ciudad callan, en los museos no hay información al respecto, las oficinas de turismo no tienen nada que aportar, y si preguntas por él, la gente negará con la cabeza y te dirá que su nombre les resulta completamente desconocido.

Por el contrario, la ciudad sí que tiene en cuenta a otras de sus grandes figuras locales que también podemos vincular a enseñanzas retóricas.

¶ El físico y matemático Arquímedes (nacido en el año 200 a. C.) descubrió la ley de la flotabilidad en el agua. Puede que entonces saliera a la calle y exclamara: "¡Eureka! ¡Lo descubrí!". Es probable que él mismo no lo supiera, pero la palabra "eureka" es más que una exclamación, es la variante griega del verbo latino "*invenire*", que nos dice cuál es la primera tarea de la fórmula retórica: encontrar el contenido.

¶ Arquímedes también descifró el secreto del número pi (3,14) y es conocido por una expresión que aún se utiliza, también como máxima retórica: "Denme un punto de apoyo y moveré el mundo". Y es que así es la retórica: hay que encontrar un punto de apoyo sólido sobre el que gire la comunicación. Solo así podremos mover al receptor del lugar en el que se encuentra.

¶ ¡Una espada de Damocles se cierne sobre este gobierno! Así se puede formular retóricamente una idea cuando se pretende decir, en sentido figurado, que el gobierno caerá en poco tiempo. El destino del gobierno pende de un hilo, por usar una imagen distinta. Expresarse retóricamente también conlleva que usemos imágenes lingüísticas. El origen de la expresión "la espada de Damocles" lo encontramos en Siracusa en el año 300 a. C. Y de nuevo es Cicerón quien nos lo cuenta: el sirviente Damocles era el favorito del tirano Dionisio. Damocles dijo que Dionisio debía de ser el hombre más feliz del mundo, y entonces se le permitió ocupar el puesto del tirano. Sin embargo, la alegría se desvaneció cuando Damocles descubrió que, atada a una crin de caballo, una espada colgaba sobre su cabeza. Entonces, Damocles rogó que lo relevaran de su puesto como el hombre más feliz del mundo.

¶ Los romanos expulsaron a los griegos de Sicilia en el año 200 a. C. Aun así, los dioses romanos no pudieron vivir en paz, porque varias personas intentaron en secreto convencer a sus vecinos de que el verdadero dios era el de los cristianos. La adolescente Lucía fue una de las que dio la espalda a los dioses romanos. Era de una familia adinerada, pero tras convertirse al cristianismo prefirió compartir su riqueza con los pobres de la ciudad en lugar de dársela a quienes le ofrecían la ropa y el maquillaje de moda de aquellos tiempos. El emperador, residente en la ciudad, la llevó a juicio. Ella se negó a someterse al emperador y fue condenada a muerte en el año 304 d. C. Poco después, a la mártir se le atribuyeron habilidades y cualidades extraordinarias y se le concedió la categoría de santa. Aún conserva ese estatus, y el 13 de diciembre, posiblemente el día de su muerte, se la celebra en todo el mundo. La gente escucha su mensaje, no tanto por sus palabras como por sus actos. Los retóricos dirían que posee un *ethos* excepcional, basado en sus cualidades morales. Por desgracia, quienes la juzgaban no veían ese *ethos*. Para ellos, era inmoral y poco servicial y estaba poseída con la herejía.

Arquímedes, Damocles y Lucía son grandes figuras de Siracusa que continúan siendo mundialmente conocidas aunque hayan pasado dos mil años. No recurrían conscientemente a la retórica, pero Damocles nos recuerda el valor de una buena metáfora; Lucía, el poder de la credibilidad; Arquímedes, lo astuto que resulta buscar un punto de apoyo cuando lo que queremos comunicar tiene un objetivo: ¿cuál es el mensaje que puede calar justo en esta situación, aquí y ahora?

Pero ¿qué pasa con quien descubrió la retórica como materia de estudio? Carlo está sentado a la mesa de un chiringuito de playa en Lungomare d'Ortigia, en el centro histórico de Siracusa. Es el jefe de sala de un restaurante que está justo al lado. Está tomándose un Aperol Spritz mientras lee una novela francesa. En un momento, levanta la vista y mira al Mediterráneo. Por fin: un nativo que conoce el apogeo retórico de la ciudad.

—Siracusa siempre ha sido popular. Mucha gente ha llegado aquí por mar —me dice.

—¿Sabes por qué nació aquí la retórica?

—Los griegos llegaron primero. Establecieron la primera democracia del mundo, y se hizo necesario que los ciudadanos pudieran presentar sus argumentos con eficacia. Córax fue el primero.

Carlo tiene razón. Siracusa fue ocupada por los griegos en el año 800 a. C. y se convirtió en una parte de la Magna Grecia. La ciudad desarrolló una civilización avanzada y se hizo tan grande como Atenas. En el año 500 a. C. en la ciudad vivían doscientas cincuenta mil personas, pero no todo era paz, alegría y felicidad. Los enemigos acechaban y los tiranos manejaban la sociedad con mano dura. Pero en un momento dado el pueblo siempre se planta. En Siracusa eso ocurrió en el año 467 a. C.

EL PRIMER RETÓRICO

La situación era propicia para quien más tarde sería considerado el fundador de la disciplina de la retórica. Después de la revolución, se instauró una sociedad democrática en la que el poder no residía en las armas, sino en las palabras que decidían a quién había que dar la razón. Los juicios, las reuniones políticas y las festividades requerían la capacidad de presentar argumentos convincentes. Poder defender sus intereses era crucial para todas esas personas a quienes habían confiscado sus tierras en Siracusa. La tierra producía uvas, aceitunas, frutas y hortalizas, y los agricultores exigían que les devolvieran lo que les habían arrebatado. Ahí es donde entra en juego Córax.[2] Había sido uno de los consejeros del tirano, pero cambió de profesión. Ahora Córax es guía y asiste a quienes presenten sus

2. Fuentes para la representación de Córax: Laurent Pernot, *Rhetoric in Antiquity*, The Catholic University of America Press, 2005; Thomas Cole, *Who Was Corax?*, Illinois Classical Studies, 1991. Manfred Craus, *Early Greek Probability Arguments and Common Ground in Dissensus*, University of Windsor, 2007; D. A. G. Hinks, *Tisias and Corax and the Invention of Rhetoric*, The Classical Quarterly, 1940.

peticiones ante los jurados populares, y lo hace a cambio de dinero. También domina la lengua escrita y, en rollos de pergamino, escribe el primer manual sobre retórica. Córax instruye acerca de la combinación de hechos, argumentos y otros recursos que llaman la atención del público, y explica la división clásica de las presentaciones orales: introducción, parte principal y conclusión. Lo que Córax hace, como nadie lo había hecho antes, es presentar principios metodológicos para comunicar con una intención.

Los teóricos posteriores aún recuerdan a Córax principalmente porque introdujo la argumentación mediante la probabilidad, en griego, *eikós*. El ejemplo clásico es este: un hombre débil es acusado de agredir a un tipo forzudo y corpulento. En el juicio, el debilucho afirma que resulta altamente improbable que haya intentado agredir a alguien mucho más grande que él. El ejemplo también funciona al revés: un hombre fuerte es acusado de atacar a un hombre enclenque. No parece improbable, pero, según el razonamiento de Córax, el hombre fuerte podría argumentar así: "Es evidente que me resultaría fácil haber dado una paliza a este esmirriado. El jurado podría pensar muy fácilmente que soy culpable. Por lo tanto es muy improbable que lo haya hecho".

Córax utiliza la probabilidad como prueba. Se había fijado en que, cuando nos comunicamos, muchas cosas no se pueden documentar ni probar mediante una argumentación lógica, declaraciones de testigos u otra información fáctica. En cambio, tenemos que argumentar basándonos en la probabilidad. Lo que también podemos extraer de las enseñanzas de Córax, de dos mil quinientos años de antigüedad, es que nuestra argumentación debe cautivar al público. Siglos después de Córax, Aristóteles puso en valor la importancia de la respuesta del público. Las presentaciones orales tienen que estar orientadas al receptor, fundamentadas en lo que Aristóteles llama *doxa,* es decir, las actitudes y creencias generalmente aceptadas: lo apropiado. Por lo tanto, la argumentación debe situarse en el terreno que el emisor y el receptor comparten, adaptándose a lo que el público habría hecho o pensado en una situación similar. Un retórico que llegó más adelante, Anaxímenes, lo formula así: "La probabilidad es una afirmación que está respaldada por ejemplos que ya existen en la mente del público".

Pero ¿es cierto que Córax escribió el primer manual sobre retórica? Hay quienes afirman que el autor fue Tisias. Córax fue su maestro, y quizá fuera Tisias quien posteriormente escribiera los consejos de su maestro. La relación entre ambos pudo haber sido amistosa, pero las cosas se enfriaron. Córax alegó que no había recibido el pago acordado por las clases impartidas. Supuestamente, ambos habían convenido que Tisias se llevaría una gran suma de dinero si ganaba su primer juicio. El proceso continuó sin que Tisias compareciera ante el tribunal, y Tisias se negó a pagar. Entonces Córax lo llevó a juicio. Tisias alegó que, independientemente del resultado del juicio, no debía pagar: si el jurado le daba la razón, habría ganado y no tendría que pagar. Y si perdía el juicio, se demostraría que las enseñanzas de Córax no funcionaban. Córax no se quedó sin palabras ante el argumento de Tisias. El maestro afirmó que, si él ganaba el juicio, Tisias tendría que pagar. Y si perdía, la condición del acuerdo se cumplía: Tisias ganaba su primer juicio y debía pagarle sus honorarios.

¿Cómo reaccionó el jurado a la argumentación de cada uno de ellos? La historia habla de abucheos y gritos como "cría cuervos y te sacarán los ojos". El caso fue desestimado.

DOS MIL QUINIENTOS AÑOS COMO PALABRA MALSONANTE Y MATERIA DE ESTUDIO

Córax fue el primer teórico de la retórica, pero era un artesano de la palabra y ganó buen dinero gracias a dar consejos. Dirigía un negocio que enojó a mucha gente cuando el centro de la retórica se trasladó a Atenas. Quienes se dedicaban a escribir discursos para otras personas se denominaban sofistas, pero no estaban exentos de críticas y oposición. Sócrates (que murió en el 399 a. C.) describía la retórica como una pseudoarte sin contenido y sin base científica. Tan superficial como la ropa o el maquillaje.

Sócrates, como Platón (428-348 a. C), veía la retórica como algo muerto y enterrado, y más tarde la retórica sobrevivió como palabra malsonante y materia de estudio.[3] Hoy en día, mucha gente aún percibe la retórica como algo sucio. Incluso en Italia —una de las dos patrias de la retórica— no resulta aceptable definirse como retórico ni en la política ni en el mundo empresarial ni en el ámbito académico. En un país como Noruega, la cosa no cambia.[4] En cuatro días, la palabra retórica se utilizó cincuenta veces en los medios noruegos. Ninguno de ellos le atribuía un valor positivo, y en más de la mitad de los

---

3. Espen Haakstad, "Retorikk: et fag eller et skjellsord? En analyse av Platons dialog Gorgias", tesis de maestría, Universidad de Oslo, 2008.

4. Bård Borch Michalsen, "Retorikk? Noe ekkelt julenissen og meningsmotstandere driver med for å manipulere oss", en *m24.no*, 23 de diciembre de 2018.

casos se utilizaba con una connotación negativa: la retórica es algo repugnante que otros hacen para manipularnos.

La retórica ha sobrevivido durante los dos mil quinientos años que han pasado desde de la época de Córax. Su popularidad, el pensamiento y el enfoque han fluctuado a lo largo de los siglos, pero todas las personas que escriben, investigan o enseñan retórica hasta nuestros días toman como punto de partida a los grandes maestros de la Antigüedad griega y romana: Aristóteles, Cicerón, Quintiliano. Sus enseñanzas destacan por sus principios y consejos prácticos para la comunicación, que siguen vigentes. Y no es poco lo que tenemos que dominar para ser oradores. Cicerón exige lo siguiente: "La sagacidad de los lógicos, el pensamiento de los filósofos, una dicción cercana a la de los poetas, la memoria del jurista, la voz de los intérpretes de tragedias y los movimientos corporales de los más grandes artistas escénicos".[5]

El libro que acabas de empezar a leer se ha escrito sobre los hombros de los retóricos de la Antigüedad, pero está actualizado. Basándonos en lo que sabemos hoy en día, aprenderás trucos para armar y llevar a cabo una presentación oral o escrita que funcione como quieras y que contribuya a elevar la conversación pública, ya sea oralmente o por escrito, en tu comunidad de vecinos, en una conferencia o en el trabajo. Un efecto secundario será que, como receptor de la retórica de otros, aprenderás a comprender e interpretar las decisiones que esas personas han tomado. Ser un ciudadano retórico conlleva la capacidad de expresarse de manera competente y de recibir, evaluar y analizar la retórica de los demás. ¿Son los

---

5. Cicerón, Quintiliano, Tácito, *Romersk retorikk* [Retórica romana], intr. y trad. de Hermund Slaattelid, Det Norske Samlaget, 2009, p. 82.

argumentos veraces y relevantes? ¿Son las conclusiones razonables y se basan en premisas sólidas? ¿Es lo que se presenta como hechos en realidad una serie de juicios y valoraciones? Cuando analizas con sentido crítico la retórica de los demás, desarrollas tu propia capacidad de oratoria.

Así es como la retórica nos enseña a ser personas maduras, de acuerdo con los ideales del humanismo antiguo, donde la retórica se veía como un arte republicano, es decir, propio de una democracia.[6] Los griegos y más tarde los romanos vincularon la libertad de expresión con la retórica práctica en un programa de estudios propio. En palabras del profesor Kjell Lars Berge: "Todos los ciudadanos libres tenían derecho a hablar, pero si el ciudadano iba a hablar en público, tenía que hablar como es debido según las normas que establece la retórica para una buena oratoria".[7] Tenemos que ser capaces de hablar en público, pero también de escuchar y estar abiertos a tener en cuenta el punto de vista de los demás. El informe de la Comisión Noruega para la Libertad de Expresión de 2022 sigue la misma línea y nos recuerda las bases de la libertad de expresión: el intercambio de palabras debe contribuir a buscar la verdad, mantener viva la democracia, fomentar la libre formación de opiniones e inspirar la tolerancia y la convivencia con la diversidad. ¡Nada menos![8]

6. Según Friedrich Nietzsche.

7. Kjell Lars Berge, *Ytringsfrihet og ytringsanstendighet: Om ytringsfrihetens retoriske vilkår*, 2010, p. 6.

8. *En åpen og opplyst samtale. Ytringsfrihetskommisjonens utredning*, Informes Públicos Noruegos, núm. 9, 2022.

Construye los cimientos: el triángulo dorado de la retórica

EL 22 DE FEBRERO de 2022, el presidente de Ucrania, Volodímir Zelenski, pronunció un discurso televisado horas después de la invasión rusa. Lo que hizo Zelenski fue aprovechar el momento y la oportunidad. Lideró a un pueblo que estaba en crisis, pero que enseguida tomó las armas. Pero tomar las armas no era suficiente; el presidente también tenía que tomar la palabra. La situación en la que se encontraba Ucrania requería un presidente que se comunicara con sus propios ciudadanos y con el resto del mundo, que tenía los ojos y los oídos puestos en él. Zelenski subió al escenario. Utilizó lo que la retórica llama *kairós,* un concepto de Isócrates (436-338 a. C.). *Kairós* significa precisamente que un orador tiene que aprovechar la oportunidad y el momento: el contexto.

Tal vez recuerdes cuando en clase de religión te hablaron del hombre que construyó su casa sobre la arena: por muy elaborada que fuera la ornamentación, la casa se acabaría derruyendo. Esas reglas también se aplican a la retórica. Las palabras rimbombantes y las imágenes lingüísticas nos pueden impresionar, pero sin una idea bien pensada de fondo, no dejan de ser castillos en el aire desde el punto de vista comunicativo.

El presidente aprovechó la oportunidad de actuar retóricamente, de comunicarse con un propósito:[9]

¶ La retórica adapta el mensaje al público.

¶ La retórica tiene un objetivo. El objetivo puede ser generar claridad, entendimiento mutuo, transparencia o belleza, pero convencer al otro siempre ha sido una tarea importante.

¶ La retórica se ejecuta en un contexto concreto: una situación, una circunstancia, un escenario, un marco.

El presidente y su equipo habían pensado detenidamente antes de entrar en directo: ¿cuál es la situación concreta? ¿A quién se dirige el presidente? ¿Qué efecto va a tener el discurso en el público? ¿Y qué consecuencias tienen las respuestas a esas preguntas para el contenido y la forma del mensaje? ¿Cuál es la idea principal que el público ha de llevarse consigo y recordar? El presidente había cubierto todos los puntos del triángulo dorado de la retórica. Tú también deberías tenerlos en cuenta antes de presentar algo convincente, ya sea oralmente o por escrito.

9. James A. Herrick, *The History and Theory of Rhetoric*, Routledge, 2018.

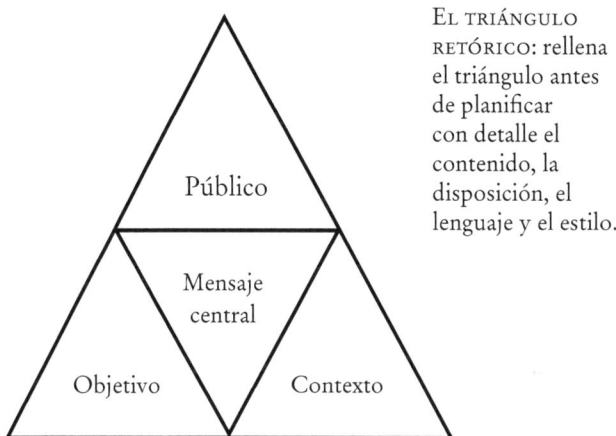

EL TRIÁNGULO RETÓRICO: rellena el triángulo antes de planificar con detalle el contenido, la disposición, el lenguaje y el estilo.

Público

Mensaje central

Objetivo

Contexto

CONTEXTO

En el primer vértice del triángulo debes pensar en el punto de partida y los requisitos previos para que se produzca la comunicación. ¿Cuál es el contexto y el marco de la comunicación que te dispones a iniciar? ¿Qué canal y género son relevantes y útiles? ¿Y quién eres tú, la persona que va a hacer la presentación?

La teoría retórica y la literatura no se ponen de acuerdo en el contenido del concepto de contexto.[10] Una postura es que hay problemas urgentes o exigencias que requieren soluciones y que pueden, a su vez, crear una situación retórica, siempre que la comunicación pueda contribuir a llegar a tales soluciones. La retórica es, pues, una respuesta adecuada a una situación. Otra visión es que es la retórica misma la que crea situaciones, y no al

10. Jens E. Kjeldsen, *Den retoriske situasjon*, Rhetorica Scandinavia, 1997; Richard E. Vatz, *Myten om den retoriske situasjon*, Rhetorica Scandinavia, 2000E

contrario. La oportunidad y la responsabilidad del orador de interpretar la realidad se vuelven cruciales. Algunos teóricos vinculan el contexto exclusivamente con el tiempo, el lugar y la ocasión, pero en el libro el contexto se entiende tanto a gran escala como a pequeña escala, lo que nos ofrece un punto de partida, unas condiciones y unos requisitos para la presentación. Tus posibilidades y limitaciones son factores que debes tener en cuenta para que la comunicación se produzca con éxito: tiempo, espacio y situación política, cultural y social en general, la ocasión y situación concretas en las que vas a hablar, los géneros y canales, tu propio rol y las condiciones técnico-prácticas.

Durante dos mil quinientos años, el concepto de *kairós* ha abarcado aspectos de la situación retórica. El *kairós* se da en el momento oportuno; en palabras de Isócrates, es la formulación de la palabra correcta en el momento adecuado. Isócrates fue una figura destacada de la retórica en Atenas. Basó sus enseñanzas en Córax, su fundador, que fue maestro de Tiziano, quien a su vez instruyó a Isócrates, que elogiaba a quienes sabían evaluar la situación, "porque gestionan las situaciones a las que se enfrentan cada día y tienen un criterio muy preciso cuando se enfrentan a una situación y rara vez pasan por alto la forma apropiada de actuar".[11]

El griego tenía dos palabras para el tiempo: *cronos*, que se refiere al orden temporal o cronología, y *kairós*, que se usa para hablar del momento en que ha sucedido algo especial, al aquí y ahora. La doctrina del *kairós* nos dice que cada situación nos ofrece oportunidades y que

11. Isócrates, *Panatenaico*, 12.30. Traducción al inglés de George Norlin en tres volúmenes, Londres, Harvard University Press, William Heinemann Ltd., 1980.

no hay dos situaciones iguales. Los oradores expertos lo saben: si has tenido éxito con un discurso, puede resultar tentador volver a utilizarlo en un nuevo contexto y situación, ante otro público. Rara vez sale bien. Quienes triunfan saben que participan en un acontecimiento social único que requiere de una capacidad para ejercitar el arte de aprovechar el momento. Hacen lo que dicen los imanes de la heladera: *carpe diem*, un verso de un poema de Horacio de unos años antes de nuestra era.

EL LARGO TIEMPO

Cada época tiene sus propios estándares de elocuencia —señala el profesor noruego Anders Johansen—, un sentido predominantemente intuitivo de la calidad lingüística y la credibilidad moral.[12] Johansen muestra cómo ha cambiado lo que se considera apropiado en Noruega a lo largo de los cien años que van desde 1814 hasta 1913. La retórica debe ajustarse al contexto específico del tema del que se habla y al público al que va dirigido el discurso, lo que los antiguos griegos llamaban *aptum*. "Todo tiene su tiempo", se dice en Eclesiastés 3, 1-8, mientras que, en Proverbios 25, 11, de Salomón se afirma que "como manzanas de oro con incrustaciones de plata son las palabras dichas a tiempo".

El estilo con el que hablaban los patriotas tras la independencia de Noruega en 1814 hoy nos resultaría recargado y excesivamente emotivo. La diosa de la elocuencia se llama Svada, y su nombre se utiliza en el noruego actual para referirse a la palabrería: un patetismo declamatorio

12. Anders Johansen, *Komme til orde. Politisk kommunikasjon 1814-1913*, Universitetsforlaget, 2019.

lleno de preguntas, exclamaciones, juegos de palabras e imágenes lingüísticas. El estilo opuesto lo representaban los funcionarios que ocuparon cargos estatales a partir de 1840. Para ellos, el ideal era un estilo formal y despojado de todo ornamento: un estilo burocrático con oraciones enrevesadas, un remitente impersonal e invisible, oraciones pasivas y muchos sustantivos. Más tarde, otros ocuparon su lugar en el ámbito público. Para el movimiento obrero noruego, Marcus Thrane se convirtió en un héroe retórico con un estilo enfático, que agitaba a las masas y usaba signos de exclamación. "Cada expresión política se construye sobre el entendimiento de una situación a la que uno se adapta mediante la elección de los medios lingüísticos", señala Anders Johansen. El retórico experto interpreta la época en la que vive y se asegura de que el texto o el discurso encajen.

EL AMPLIO ESPACIO

Los discursos y los textos que funcionan en un país pueden fracasar bajo un cielo distinto. Barack Obama es uno de los más grandes de nuestro tiempo. Cuando obtuvo su primera victoria electoral en 2008, en su discurso de aceptación dijo lo siguiente: "Si hubiera alguien que aún dude de que Estados Unidos es un lugar donde todo es posible, que aún se pregunte si el sueño de nuestros fundadores sigue vivo en nuestro tiempo, que aún cuestione los poderes de nuestra democracia, esta noche es la respuesta".

El discurso fue una obra maestra, pero ¿podría haber funcionado en una cultura completamente distinta?

Bård Norheim y Joar Haga han escrito sobre cómo tienen que adaptar la retórica los oradores en un contexto noruego:[13] "Cuidado con la grandilocuencia y recuerda que, en el contexto noruego, lo que se valora a menudo es la sencillez". Kjell Lars Berge sostiene que en los países nórdicos hay cierto escepticismo similar a la reacción del protestantismo ante la afición católica por la iconografía. Berge destaca el libro *Tillitsmannen* [El representante político], escrito por el político Einar Gerhardsen en 1931, para poder entender el estilo discursivo noruego: "En este manual de organización política, la oratoria se limita a los banquetes y al discurso de agradecimiento. El género preferido para las declaraciones políticas es la conferencia seria y objetiva".[14]

Así se distingue la sobria Escandinavia de primos suyos como Italia, España y Francia, y probablemente también de países como Argentina. Las lenguas romances transmiten el mensaje por medio de sustantivos que describen en detalle la apariencia, mientras que las lenguas escandinavas dejan que los sustantivos presenten funciones. Los italianos tienen muchos sustantivos y pocos verbos. En las lenguas escandinavas es al contrario.[15] Los motivos pueden ser diferencias sociales o de mentalidad entre los pueblos que están al norte o al sur de los Alpes y, por lo tanto, distintas formas de comunicarse. En un libro italiano sobre retórica, el autor constata (en un capítulo sobre expresarse con brevedad) que el italiano medio es un contador de anécdotas de playa. Le encanta contar historias, pero utiliza demasiadas palabras, lo que resulta confuso

13. Bård Norheim y Joar Haga, *Kunsten å tale til nordmenn*, Oslo, Cappelen Damm Akademisk, 2021.

14. Kjell Lars Berge, *Ytringsfrihet og ytringsanstendighet: Om ytringsfrihetens retoriske vilkår*, 2010, p. 6.

15. Bård Borch Michalsen, *Verbene som beveger verden*, Spartacus, 2019.

y poco eficiente. "El italiano que habla nunca concluye", escribe Gianluca Sposito.[16] Pero a los italianos les gustan los sentimientos. En el libro *Hvordan bli italiener* [Cómo convertirse en italiano], Aleksander Melli describe "una tradición italiana de la pomposidad *post mortem* que casi te quita el placer del duelo".[17]

¿Tienes que comunicarte de forma eficiente con receptores de un contexto cultural diferente del tuyo? Instrúyete sobre la cultura a la que pertenece el público, muestra respeto y exprésate con consciencia para que lo que el receptor perciba sea lo mismo que tú quieres decir. Intenta escucharte y verte con los oídos y los ojos del público, sé sensible a las diferencias y adapta lo que dices y tu manera de decirlo.[18]

LA SITUACIÓN

Durante la pandemia, los líderes daban discursos. Algunos de ellos calaron. El ministro de Sanidad noruego Bent Høie llegó al corazón de la juventud: "El verano que viene no existe cuando eres joven". El discurso se compartió ciento veintinueve mil veces en Facebook, con un alcance de un millón y medio de personas. En la primavera de 2021, el alcalde de Oslo pronunció su vigesimoquinto discurso, que coincidió con el día 399 de la pandemia. El objetivo del discurso era instar a la población a mantener las medidas de control del contagio durante dos semanas

16. Gianluca Sposito, *Le regole del discorso perfetto,* Intra, 2021.

17. Aleksander Melli, *Hvordan bli italiener,* Spartacus, 2022.

18. Lan Ni y Qi Wang, "Anxiety and Uncertainty Management in an Intercultural Setting: The Impact on Organization–Public Relationships", en *Journal of Public Relations Research,* 2011.

más, con lo que dejaba ver que las restricciones tendrían que mantenerse durante un tiempo. Es decir, malas noticias. Raymond Johansen y su equipo reflexionaron sobre la situación en ese mismo momento, ante un periodista que se hacía el desentendido[19] y con la ayuda de la retórica Ratna Elisabet Kamsvåg. ¿Cómo movilizar cuando la población estaba harta de invitaciones a hacer tareas de voluntariado o a lecturas de poesía y de recibir cantidades ingentes de información? Kamsvåg describió el punto de partida del discurso del día 399 de la siguiente manera: "Los discursos emotivos que vimos al inicio de la pandemia hoy no se recibirían de la misma manera. Lo que cuenta ahora es que los mensajes sean claros y breves para que la motivación no decaiga". La situación requería que el alcalde informara que las medidas funcionaban, que estaba impresionado de que los vecinos y vecinas de Oslo hubieran superado una ola de contagios, pero había que aguantar un poco más, aunque hubiera llegado el momento en el que los *amigos más optimistas* pensaban que ya era hora de abrir unas cuantas botellas de vino e invitar a más gente a casa. Raymond Johansen dio el discurso, pero no en una rueda de prensa; quería algo más cercano, menos formal, y por eso invitó a los periodistas a un *encuentro de prensa:* "Hola a todos. Los contagios en Oslo están aumentando. Y, a todos, hemos visto lo que podemos conseguir en equipo. Lo hemos conseguido en otras ocasiones y volveremos a hacerlo ahora".

Todo acto retórico tiene su punto de partida. Antes de abrir la boca o abalanzarnos sobre el teclado, tenemos

19. Kaja Kirsebom, "Hvordan motivere befolkningen dag 399?", en *Amagasinet,* 14 de mayo de 2021; "Hvordan motivere befolkningen dag 399?", en *aftenposten.no.*

que tomar el pulso del tiempo y el espacio, entender tanto lo que sucede en la sociedad en general como la situación específica a la que vamos a enfrentarnos. ¿Cuál es el contexto y la ocasión que te empujan a querer comunicar algo o para los que te han pedido crear y transmitir un texto oralmente o por escrito? ¿Qué tiene de importancia aquí y ahora para lo que te dispones a decir? ¿Cómo vas a decirlo?

GÉNERO, CANAL Y MEDIO

Históricamente, la retórica opera con tres tipos de discurso:

1. El discurso consultivo (retórica deliberativa). El discurso mira hacia adelante e indica lo que debe hacerse.
2. El discurso legal (retórica forense). El discurso analiza el pasado y evalúa lo sucedido.
3. El discurso expositivo (retórica epidéctica). Es un tipo de discurso que analiza el presente. El ejemplo típico es el discurso ceremonial.

La división de géneros que existía en Atenas y Roma hace dos mil años nos dice lo siguiente: como retóricos, debemos saber qué género estamos trabajando y adaptarnos a sus requisitos específicos. Lo que resulta pertinente en un juzgado no tiene por qué serlo en una asamblea, y mucho menos en un discurso de boda. Y viceversa.

La división en tres partes tiene que ver con aquellos elementos de la retórica antigua que ya no se adaptan a nuestros días. Muchos discursos mezclan elementos propios de varios géneros, y nuestra sociedad nos ofrece canales, medios y géneros que no existían cuando Aristóteles y sus discípulos pensaron esta división.

El medio es el mensaje, proclamó el historiador e investigador de medios canadiense Marshall McLuhan en 1964. Cuando la televisión conquistó el mundo, las condiciones de la retórica también cambiaron. Dicho sin rodeos: los debates televisados se volvieron más televisión que debate. El candidato a la presidencia de Estados Unidos Richard M. Nixon experimentó la lógica del nuevo medio en un duelo contra John F. Kennedy en 1960, en el primer debate televisado en directo de la historia. Nixon no se dejó maquillar. Acababa de pasar un resfriado, estaba sudado, sin afeitar y claramente incómodo. Kennedy estaba bronceado, cómodo y juvenil. La mayoría de la gente que vio el programa opinó que Kennedy había ganado el debate. En nuestro siglo, lo que establece las nuevas premisas son las redes sociales. El método de trabajo de la retórica sigue vigente, pero los mensajes deben adaptarse a los nuevos formatos.

La vida social y la laboral han cambiado y hablamos y escribimos de distinta manera. Hace cincuenta años, las organizaciones gestionaban *información*. Era unidireccional, vertical, formal y se escribía en papel, mediante instrucciones, reglas y controles. Hoy en día, la llamamos comunicación y se da en todas las direcciones, es más informal que formal y se transmite a través de diversos canales y medios: oral, escrito, visual, físico y digital. No alcanzamos nuestros objetivos mediante órdenes, sino mediante la comunicación persuasiva, y la forma retórica de planificar y trabajar es tan adecuada hoy como lo fue en el siglo pasado.

Nuestros jefes dedican el 70 % de su jornada laboral a la comunicación. Nos bombardean con mensajes desde que nos despertamos hasta que, con reticencia, dejamos el teléfono en la mesita de noche. Y todos somos productores. Vivimos en una época en la que hablar es sencillo, pero hacerse escuchar es complicado. Por lo tanto, resulta esencial encontrar el género y el canal adecuados para transmitir el mensaje. La teoría de la riqueza de los medios nos muestra las posibilidades que tenemos a nuestra disposición.[20] Cuanto mayor sea la posibilidad de obtener una respuesta rápida, cuantos más medios tengamos a nuestra disposición a través de la palabra, el lenguaje corporal, los gestos o las imágenes, y cuanto más fácil sea personalizar el mensaje, más rico será el medio. Los medios más ricos, por lo tanto, son físicos: el contacto cara a cara, de tú a tú, mientras que los folletos y los anuncios sin un receptor específico se encuentran en el extremo contrario. Los canales que más a menudo se utilizan para los mensajes retóricos, como son una presentación oral en una reunión o un correo electrónico, se encuentran a medio camino, así que conviene pensar bien lo que puede o no puede comunicarse a través de qué canales. ¿Te conviene más escribir un correo electrónico, convocar una reunión o tener una conversación de tú a tú? En la serie noruega *Side om side* un empleado se dirige al director para hablar de un asunto muy personal. "Te he enviado un *email*", responde él. Nueve de cada diez espectadores entendieron que la elección del canal se

20. R. L. Daft y R. H. Engel, "Information Richness. A New Approach to Managerial Behaviour and Organizational Design", en *Research in Organizational Behaviour,* núm. 6, I. L. L. Cummings y B. M. Straw (eds.), Homewood, Illinois, JAI Press.

había basado en la cobardía del director, que no se trataba de una decisión meditada.

Sin embargo, en muchas ocasiones es mejor escribir. En nuestra cultura cada vez priorizamos más los canales audiovisuales. Las investigaciones muestran que los receptores comprenden mejor mensajes complejos y se los convence con mayor facilidad si el emisor presenta el mensaje por escrito, en lugar de oralmente o en forma de video.[21] Por lo tanto, no debería sorprendernos la práctica de Jeff Bezos, el dueño de Amazon: antes de una reunión para hablar de una nueva idea o producto, le pide a uno de los ejecutivos que escriba un informe de seis páginas. Los participantes dedican los veinte primeros minutos de la reunión a leer el informe en voz baja. Y luego ya empieza la conversación.

A veces eres tú quien elige el medio y el género. Otras veces, un organizador te pide que te ciñas a un género y un canal específicos, por ejemplo, cuando te invitan a hacer una presentación en un seminario. Asegúrate de que tu presentación se ajuste a las exigencias que requieran tanto el género como la situación.

MARCO TÉCNICO-PRÁCTICO

Si vas a hacer una presentación oral, debes tener claro lo siguiente:

21. Shelly Chaiken y Alice H. Eagly, "Communication Modality as a Determinant of Message Persuasiveness and Message Comprehensibility", en *Journal of Personality and Social Psychology*, 1976. En el caso de los mensajes simples, la comprensión es la misma con cualquiera de las tres alternativas, mientras que los mensajes resultan más convincentes si se expresan en video que si se transmiten por escrito.

¶ ¿Quién organiza la actividad? ¿De qué tipo de actividad estamos hablando? ¿Qué encargo te han hecho? ¿Quién va a hablar antes y después de ti? ¿Sobre qué tema?

¶ ¿Cuánto tiempo tiene que durar tu presentación? ¿Habrá una sesión de preguntas y respuestas al final? En ese caso, convendría pensar en un cierre extra que ponga el punto final tras la ronda de preguntas.

¶ ¿Dónde y cuándo? Una reunión a la hora del desayuno en un ático con vistas al puerto invita a adoptar un enfoque diferente al de un seminario en una elegante sala de conferencias.

¶ ¿Cómo es el local en el que vas a hablar? ¿Grande? ¿Pequeño? ¿Vas a subir al escenario? ¿Hay estrado? ¿Micrófono? Y si lo hay, ¿hay pie de micro, lo tienes que sujetar con la mano, es inalámbrico o de diadema? Con qué posibilidades de apoyo audiovisual cuentas? ¿Dónde se sitúa el público? ¿El discurso se va a grabar o a retransmitir por Internet?

Cuantos más detalles tengas de las respuestas, mejor podrás adaptarte y menos nervios sufrirás. Intenta imaginar cuál será el estado de ánimo, qué tono podría resultar apropiado, la ropa que deberías llevar y el sentido y enfoque de lo que vas a decir.

También debes tener presente una lista similar antes de hablar en otros contextos. Por ejemplo, si vas a participar en un programa de radio, si te piden grabar un video para Instagram o si tienes que escribir a la junta directiva de la comunidad de vecinos.

TU PAPEL: ¿QUIÉN ERES?

Los modelos que aprendiste en el instituto demuestran que la comunicación involucra a un emisor, un mensaje y a un receptor. Pero ¿qué papel desempeñas tú como emisor al escribir o al hablar? La mayoría de las personas desempeñan papeles distintos en el ámbito profesional y en el ámbito privado. Ten claro qué papel vas a desempeñar antes de planificar lo que vas a decir y, cuando te pidan que participes, ten claro por qué te lo piden a ti. ¿Te lo piden por tu trabajo, porque tienes una competencia especial o perspectivas interesantes o porque la empresa que diriges tiene algo que ver? ¿En nombre de quién vas a escribir o a hablar?

¡El emisor es parte del mensaje! ¿Cuál es tu relación con el público? ¿Tienen el mismo poder y autoridad? ¿Qué piensan de ti y de lo que vas a presentar? ¿Con qué credibilidad cuentas desde el punto de partida? ¿Qué puedes hacer para reforzar la confianza a lo largo de tu texto o tu discurso? Consulta las respuestas en el apartado "*Ethos*: ¿por qué tenemos que creerte?".

TU TURNO: ANALIZA BIEN EL CONTEXTO

El trabajo no tiene por qué llevar mucho tiempo. Cuando tengas que mandar un correo a tu jefe, dedica unos segundos a repasar bien el contexto. Si tienes que dar una conferencia de treinta minutos ante seiscientas personas sobre un tema que te apasiona, deberás dedicarle más tiempo (y puedes hacer un borrador con alguien antes de empezar). Tienes que saber dónde y cómo se encuentran tú, la causa y el mundo, y también hacia dónde se dirigen.

Puede ocurrir que el contexto que rodea al tema del que tienes que hablar o sobre el que tienes que escribir un texto cambie, y entonces tendrás que adaptarte a esa nueva circunstancia. Los oradores competentes son capaces de analizar la sala cuando ya ha llegado el público y adaptar la presentación según cómo noten el ambiente. Tal vez, de camino, hayan visto algo que valga la pena mencionar, o puede que justo haya ocurrido algo relevante en algún lugar del mundo que se pueda añadir. Solo quienes están bien preparados son capaces de improvisar cuando la situación cambia de un momento para otro.

¿A quién te vas a dirigir y por qué? Las preguntas también son parte de la retórica, pero tienen tanta importancia que cuentan con su propio vértice del triángulo. Tendrás que acercarte a recibir al público a un lugar en el que ambas partes se sientan cómodas y donde tengas una imagen clara de a dónde quieres llevar a quienes te escuchan.

OBJETIVO

En la historia de *Alicia en el país de las maravillas*, de Lewis Carroll, Alicia llega a una encrucijada. Entonces, le pregunta al gato que está en el árbol:

—¿Qué camino he de tomar?

—Depende de adónde quieras llegar —respondió el gato.

—No lo sé.

—Entonces no importa qué camino sigas.

Eso mismo ocurre con la comunicación: si no quieres conseguir nada o no sabes qué quieres, puedes decir lo que quieras y escribir sobre cualquier cosa. Si por el contrario vas a hacer una presentación en una conferencia o tienes que escribir un correo electrónico, una memoria, un informe o una nota, te comunicas para conseguir algo. Tienes un objetivo.

Comprender de manera clara y concreta la intención de la comunicación nos da un rumbo y nos pone en marcha al mismo tiempo que dota al mensaje de un contenido y una forma que facilitan que logremos nuestros objetivos. El objetivo de la retórica era comunicarse para convencer, pero conviene mantener la mentalidad retórica básica aunque nuestros propósitos sean distintos. ¿Quieres que el lector haga algo, entienda algo, aprenda algo, decida o comente algo? ¿Tu objetivo es informar, instruir o convencer? ¿O lo que quieres es iniciar un diálogo o plantear una pregunta?

OBJETIVOS GENERALES

Cicerón describió tres objetivos posibles de la retórica: enseñar, conmover y deleitar (en latín, *docere, movere, delectare*).

Hoy en día, esos tres objetivos pueden ser informar, convencer y entretener. El objetivo de *entretener* incluye discursos cuya finalidad es complacer a la audiencia, como el típico discurso de boda, por ejemplo. Ningún discurso tiene un único propósito. En la escala entre la información pura (instrucciones de uso) y el discurso que pretende convencernos o persuadirnos de hacer o comprar algo (campañas electorales, venta de coches), hay etapas intermedias. De menor a mayor dificultad: informar, obtener comprensión, reforzar actitudes, cambiar actitudes y comportamientos (generar acción). Así, una divertida broma sobre la vida durante la pausa del almuerzo también podría tener el propósito secundario de informar sobre las condiciones en las que se encuentra el baño de caballeros o convencer a quien la escuche de que convendría hacerse con una mejor selección de tés.

Si quieres *informar*, tienes que ser maestro, instructor, la persona que sabe y puede. Tendrás que explicar, por ejemplo, las normas fiscales para la industria de la acuicultura, la cultura y el conocimiento necesarios para ofrecer soluciones que puedan aplicarse a la oficina, el trabajo de la asociación de vecinos para aumentar el nivel de bienestar de los residentes o cómo se puede cultivar un jardín que sea más respetuoso con el medio ambiente.

Si quieres *convencer*, tienes que ser vendedor, abogado o predicador, quien quiere cambiar lo que el público piensa, opina o hace. Así, podrás informar sobre las normas fiscales actuales para la industria de la acuicultura, defender la necesidad de instalar particiones en la oficina, invitar a más personas a ofrecerse como voluntarias en la asociación de vecinos o recomendar que vendan la máquina de cortar césped en favor de los insectos y el medio ambiente. Encontrar un objetivo general de lo que tienes que decir o escribir rara vez es una tarea difícil, pero hay que hacerla.

OBJETIVOS ESPECÍFICOS

Tú sabes por qué tienes que tomar notas o subirte a un escenario. Pero ¿qué es lo que quieres conseguir exactamente?

Anotar los objetivos específicos te facilitará escribir o decir las cosas como es debido.[22]

1. Oriéntate hacia tu público. ¿Qué va a aportar tu mensaje al público? Sí, al público, porque ahí es donde debe producirse el cambio de conocimientos, actos o actitudes. La retórica no es el arte de expresarse, sino el arte de ser escuchado. ¿Cómo quieres que afecte tu mensaje a las personas que escuchan o leen lo que quieres transmitir?

2. Escribe una oración completa (si puede ser, en infinitivo).

   ¶ Mal: "La implicación de los jardines en el clima".

   ¶ Mejor: "Informar al público de lo que nuestros jardines suponen para el clima". "Convencer al público para que deje crecer la hierba del jardín".

3. Escribe una oración afirmativa, no una pregunta.

   ¶ Mal: "¿Qué hace la asociación de vecinos por nuestro bienestar?".

   ¶ Mejor: "Informar al público sobre lo que la asociación de vecinos hace por nuestro bienestar".

4. Construye un mensaje preciso y específico, no generalista y abstracto.

   ¶ Mal: "Informar de la influencia de los jardines en el cambio climático".

---

22. Inspirado por Stephen E. Lucas, *The Art of Public Speaking*, 2020, y Kelly M. Quintanilla y Shawn T. Wahl, *Business and professional communication*, 2017.

- ¶ "Convencer al público de que tiene que pensar en las consecuencias climáticas que tienen los jardines".
- ¶ Mejor: "Informar al público de los tres aspectos más importantes en los que los jardines afectan al clima".
- ¶ "Convencer al público para que deje crecer la hierba, construya un hotel de insectos y plante plantas perennes".

Otras condiciones para conseguir un objetivo específico:

- ¶ Si escribes o hablas por encargo, asegúrate de que tu objetivo se corresponda con la tarea que te han encomendado.
- ¶ El objetivo se tiene que adecuar a los intereses, conocimiento y expectativas del público, no puede ser demasiado complicado, pero tampoco demasiado sencillo.
- ¶ Tienes que alcanzar tus objetivos dentro del tiempo o espacio disponibles.

Si quieres informar, los objetivos pueden ser:

- ¶ "Informar al público de las normas fiscales específicas que se aplican a las empresas de piscicultura".
- ¶ "Informar al público sobre cómo se han extendido los espacios de trabajo abiertos en las oficinas noruegas y cómo se diseñan dichas oficinas para evitar las interrupciones".

¶ "Informar al público de cuáles son las tres cosas más importantes que puedes hacer para que tu jardín sea respetuoso con el medio ambiente".

¶ "Informar al público sobre las tres medidas más importantes de las asociaciones de vecinos para garantizar que los residentes se sientan cómodos".

Si quieres convencer, los objetivos pueden ser:

¶ "Convencer al público de si las normas fiscales actuales de las empresas de piscicultura ayudan a que las empresas sean más sólidas y puedan contribuir al dinamismo de la sociedad local".

¶ "Convencer al público de que los despachos abiertos favorecen la motivación y mejoran la eficiencia".

¶ "Convencer al público de que dejen crecer el césped, construyan un hotel de insectos y planten plantas perennes".

¶ "Convencer a los vecinos de que paguen su cuota a la comunidad y se ofrezcan como voluntarios".

EL PÚBLICO

El presidente Zelenski sabe muy bien a quién se dirige cuando habla. Cuando dio su discurso en video el 24 de febrero de 2022, su grupo objetivo no era la población ucraniana, sino la sociedad global. En primer lugar, quería llegar a los rusos. Por eso, el discurso se difundió por redes sociales en Rusia, y por eso hizo la mayoría del discurso en ruso. Como el público objetivo eran los rusos, también adaptó la forma y el mensaje para ellos. Además tenía otro público secundario, como sus compatriotas y el resto del mundo.

Cuando Zelenski habló en la Cámara de los Comunes, comparó la guerra de Ucrania con la implicación del Reino Unido durante la Segunda Guerra Mundial y citó al primer ministro Winston Churchill.

Cuando habló en el Congreso de Estados Unidos unos días más tarde, comparó la guerra con Pearl Harbor y el atentado del World Trade Center.

Cuando habló en el Parlamento sueco, habló del azul y del amarillo de las banderas de Ucrania y de Suecia.

Cuando habló en el Parlamento noruego, recordó que los vikingos noruegos fueron recibidos en Kiev hace mil años y participaron en la fundación de la ciudad. Mencionó que la primera esposa del rey Harald III de Noruega fue Elisaveta Yaroslavna, conocida popularmente como Elisiv de Kiev. E hizo especial hincapié en que tenemos que defender nuestra historia común. Hace 77 años, un ucraniano fue el primer soldado aliado en Kirkenes en liderar la liberación de Noruega.

Cuando el 22 de diciembre de 2022 se dirigió de nuevo al Congreso de Estados Unidos, pero esta vez cara a cara, trazó una línea que iba desde la guerra de la Independencia de Estados Unidos en el siglo XVIII hasta la Segunda Guerra Mundial y las palabras de Franklin D. Roosevelt sobre la victoria: una victoria absoluta.

El presidente de Ucrania nos enseña que cada presentación retórica ha de adaptarse al público correspondiente. Los lectores eligen, comprenden, interpretan y recuerdan información desde su perspectiva, no desde la tuya. Por eso, quienes quieran convencer a su público deben tener la máxima información posible sobre él. ¿Quiénes van a recibir el mensaje? ¿Qué saben, qué piensan y creen, qué se esperan de ti, qué relación tienen contigo y viceversa? Toda comunicación tiene un contenido: el mensaje concreto. Además, la comunicación tiene que ver con las relaciones. Si tu relación con el público es amistosa y armónica, entenderá lo que le transmitas de una manera distinta que un público que no te tenga aprecio o que no comparta tus ideas. Con ese tipo de público es más importante, aunque más difícil, encontrar un punto de partida común: una base que compartas con ellos.

Muchas personas han dicho cosas inteligentes sobre orientarse hacia el público. Saben que, de lo contrario, podría ocurrir lo mismo que le sucedió al personaje de *Peer Gynt,* del autor noruego Henrik Ibsen: "Mira, eso le pasó porque era un idiota y no tuvo en cuenta a su público". El filósofo danés Søren Kierkegaard dijo que "para conseguir llevar a una persona hacia un lugar concreto, antes que nada hay que ir a buscarla donde se encuentra y comenzar desde ahí". Abraham Lincoln se refería a eso mismo cuando dijo que, al preparar discursos, dedicaba una tercera parte del tiempo a pensar en lo que quería decir y dos terceras partes a pensar en lo que querría oír el público. Por su parte, Lee Iaocca, el legendario director ejecutivo de Chrysler, afirmó que si se tiene un profundo compromiso con el público todo lo demás se resolverá solo. Por lo tanto, es fundamental saber a quién te diriges. ¿Te imaginas escribir una carta de amor dirigida "a quien corresponda"? Lyndon B. Johnson fue presidente de Estados Unidos en los años sesenta. Era de Texas y tenía muy claro de dónde venía. Una vez le dieron un borrador de un discurso escrito por una persona nueva.

Se lo leyó en voz alta a un amigo del Congreso y llegó a una cita de Aristóteles. Entonces, el presidente estalló: "¿Aristóteles? ¿Aristóteles? ¡Esta gente no tiene ni idea de quién es Aristóteles!". Entonces, Johnson agarró la pluma, tachó Aristóteles y escribió: "Como dijo una vez mi querido padre...".

Las investigaciones confirman las experiencias de comunicadores profesionales. Las autoras Marianne Dainton y Elaine D. Zelley resumen 36 teorías de la comunicación de la siguiente manera:[23] los comunicadores competentes orientan su discurso al receptor; para lograr sus objetivos, tienen en cuenta lo que el público quiere escuchar y cómo desea escucharlo.

Que nos preocupemos tanto por aquellas personas con quienes nos comunicamos se encuentra en la propia raíz de la palabra, pues "comunicación" proviene del latín *"communicare"*, que significa "hacer común". Al intentar convencer a otros, conviene partir de lo que ya nos es común.

Lo que tienes que saber sobre tu público

¶ Aspectos demográficos: edad, sexo, contexto cultural y socioeconómico, formación y profesión.

¶ Actitudes y opiniones: qué piensa, sabe y opina el público de los temas de los que vas a hablar y qué saben y opinan sobre ti.

---

23. Marianne Dainton y Elaine D. Zelley, *Applying Communication Theory*, 2018.

EL PUNTO CLAVE DEL MENSAJE

Ya tenemos claro el contexto, conocemos al público y sabemos qué queremos conseguir con el mensaje. Solo falta un punto para completar el triángulo retórico: ¿cuál es la idea principal que vas a transmitir, el núcleo, lo que el público recordará después de leer o escuchar lo que tienes que decir? Tienes que encontrar el punto clave en torno al cual girará tu texto o discurso. El mensaje principal rara vez será lo primero que digas —porque esas primeras palabras sirven para captar la atención del público y ganarte su confianza y buena voluntad—, pero a menudo conviene presentar el mensaje principal pronto.

Cuando eliges el mensaje principal, seleccionas una idea entre muchas, llevas a cabo lo que los investigadores de medios denominan *priming:* establecer el orden del día. El mensaje central también tiene una perspectiva y un enfoque. Así es como enmarcamos la idea principal y decidimos cómo se relacionará el público con ella.[24] Imagínate a las personas a las que te diriges. ¿Qué te gustaría que dijeran cuando les pregunten de qué se trataba el discurso, qué es lo más importante que dijo el ponente, cuál era el contexto general?

Un garabato en un papel es un garabato.

Un garabato en un papel con una firma que dice "Hernán, 8" es un dibujo infantil.

Un garabato en un trozo de papel enmarcado y colgado en la pared de una galería es una obra de arte.

24. Maxwell E. McCombs y Donald L. Shaw, "The Agenda-Setting Function of Mass Media", en *The Public Opinion Quarterly*, 1972; S. I. Ghanem, *Filling in the Tapestry: The Second Level of Agenda Setting;* I. M. E. McCombs, D. Shaw y D. Weaver, *Communication and democracy,* Mahwah, New Jersey, Lawrence Erlbaum, 1997.

El encuadre le dice al público con qué gafas vemos el asunto o qué mapa hemos de utilizar para comprender el sentido de la información que se nos da. Las palabras que elegimos construyen el encuadre o marco del discurso.

¶ El ejemplo puede ser algo banal: "¿Está el vaso medio lleno o medio vacío?".

¶ El ejemplo también puede ser algo del mundo comercial: "Volkswagen se promociona en alemán también en territorios en los que no se habla ese idioma. *Das Auto*". De este modo, lo asociaremos a las cualidades clásicas de los productos alemanes: un coche en el que se puede confiar. Los italianos no lo hacen así. En lugar de eso, relacionan las virtudes del Alfa Romeo Giulietta con *Romeo y Julieta*, de William Shakespeare, que se basa en un cuento de hadas italiano. Así, los anuncios muestran a una mujer vestida de rojo que dice: "*Io sono Giulietta*" (yo soy Julieta): el coche sensual. Otros anunciantes eligen marcos como la economía, el clima, lo adecuados que son los coches para las familias. Al elegir distintas maneras de presentar los coches, los vendedores optan por algo que creen que encaja con el marco que los potenciales compradores tienen en la cabeza.

¶ También puede ser lo grotesco: cuando Europa definió la invasión rusa de Ucrania el 24 de febrero como una guerra, Putin presentó lo ocurrido como autodefensa y una operación militar necesaria.

El encuadre es la base de lo que vamos a decir. Si se alinea con el mapa mental del público, nuestras palabras le llegarán. Tener puntos en común con el público nos abre un mundo de posibilidades, y todo el mundo escucha a aquellos oradores que tienen un enfoque que nos puede resultar atractivo.

En cualquier caso, nuestra forma de encuadrar el discurso puede dirigir al público hacia una dirección concreta. Un grupo de científicos investigó cómo reaccionaría la gente ante una noticia sobre la seguridad durante las manifestaciones organizadas por el Ku Klux Klan. Luego cambiaron la perspectiva de la noticia, de la seguridad a la libertad de expresión. ¿El resultado? Cuando la vida y la salud de las personas estaban en el centro de la noticia, mucha más gente se oponía a las manifestaciones que la que lo hacía cuando el aspecto central era la libertad de expresión.[25]

La manera en la que la realidad se enmarca con detalles lingüísticos también tiene un significado. Imagínate que el país se ve amenazado por una pandemia. Las autoridades tienen dos programas distintos para enfrentarse a ella. ¿Cómo afectará la pandemia a un grupo de seiscientas personas?

¶ Programa A1: cuatrocientas personas van a morir.

¶ Programa B1: hay un tercio de las posibilidades de que nadie muera y dos tercios de las posibilidades de que mueran seiscientas personas.

25. Thomas E. Nelson, Rosalee A. Clawson y Zoe M. Oxley, "Media Framing of a Civil Liberties Conflict and Its Effect on Tolerance", en *The American Political Science Review*, septiembre de 1997.

¿Qué alternativa elegirías? El 78 % elige el programa B1, pero los programas se pueden enmarcar de otra manera:

¶ Programa A2: doscientas personas van a sobrevivir.
¶ Programa B2: hay un tercio de las posibilidades de que seiscientas personas se salven y dos tercios de las posibilidades de que nadie se salve.

¿Qué elegirías ahora? Todo lo contrario. Ahora el 72 % prefiere el programa A2, aunque contenga exactamente el mismo número de muertos y supervivientes que la alternativa que solo obtuvo el 22 %. Lo único que cambia es la forma de redactarlo.

¿Qué podemos aprender de la priorización *(priming)* y el encuadre *(framing)*? Lo que decidimos destacar y presentar es importante, como también lo son las perspectivas y los valores que se esconden en las palabras que elegimos.

CONCISO, DIRECTO, AL GRANO

Los buenos periodistas tienen en cuenta estas instrucciones para redactar titulares, y algunos logran condensar todo lo que tienen que decir en un texto que podría publicarse en Twitter en una o dos frases. Como dice el empresario Richard Branson: "Si tu mensaje no cabe en el reverso de un sobre, es una basura". El objetivo de lo que vayas a decir determina cómo va a desarrollarse el mensaje principal.[26]

26. Inspirado por Fletcher Dean, "10 Steps to Writing a Vital Speech", en *Vital Speeches of the Day*, 2011.

La información como objetivo:

¶ Si vas a informar, puedes elegir varios mensajes importantes y, a menudo, respuestas a preguntas que empiezan con cuándo, qué, dónde y cómo. Cuantas más ideas presentes, más difícil le resultará al público entender tus palabras. Por eso, asegúrate de que todo lo que digas esté relacionado con el mensaje central.

La persuasión como objetivo:

¶ Para persuadir, es necesario ordenar los mensajes según su importancia. Un mensaje principal y tres secundarios suelen funcionar. Tienes que responder a la pregunta que se plantea el público: ¿por qué?

Ejemplo: "Las normas fiscales de las empresas de piscicultura las eximen del pago por el uso de bienes comunes. El motivo es que pueden convertirse en empresas sólidas en beneficio de la comunidad".

¶ Si quieres reforzar los valores compartidos, tienes que buscar mensajes con los que tu público y tú estén de acuerdo, con el lema "soy de los suyos". Cuando Abraham Lincoln pronunció su famoso discurso de Gettysburg en 1865, usó con especial frecuencia dos palabras: "nosotros" y "aquí".

Ejemplo: "Quienes vivimos en la zona formamos parte de una cooperativa de vecinos que desarrolla muchas medidas importantes para garantizar que nosotros, los residentes, estemos cómodos".

¶   Si quieres cambiar actitudes, tienes que saber lo que piensa y cree tu público, y después presentar un mensaje principal que diga a dónde quieres llevarlo. Asegúrate de incluir mensajes secundarios que respalden el mensaje principal y despejen dudas. Si el público tuviera una idea distinta del asunto, te costará más conseguir tus objetivos. Las estrategias actuales consisten en buscar puntos en común y resaltar tanto los argumentos a favor como los argumentos que vayan en contra de tu opinión.

Ejemplo: "Sé que muchos de ustedes son escépticos con la idea de tener una oficina abierta, pero las soluciones de interiorismo actuales eliminan las desventajas que pueden plantear este tipo de oficinas".

¶   Si quieres conseguir que se lleve a cabo una acción en particular, lo primero que tienes que hacer es informar, lograr que el público comprenda los valores compartidos. Después deberás concretar el mensaje en una llamada clara a la acción: "¡Vota ya! ¡Apúntate aquí! ¡Pídelo ya!".

Ejemplo: "Si construyes un hotel para insectos, cultivas plantas perennes y dejas de cortar el césped, tendrás un jardín respetuoso con el medio ambiente. ¿A qué esperas para poner en venta tu cortacésped?".

El mensaje principal tiene que parecerse al objetivo concreto, pero ha de ser aún más directo. Redacta el mensaje con una o muy pocas frases. Sé concreto. Y procura que el mensaje sea relevante y resulte accesible tanto formalmente como en grado de dificultad. Recuerda que a menudo serás la persona experta de la sala, así que no sobreestimes los conocimientos del público (aunque tampoco subestimes su inteligencia).

Cuando el concejal de Oslo, Raymond Johansen, pronunció su vigesimoquinto discurso de la pandemia en la primavera de 2021, el mensaje central fue el siguiente: "Las medidas funcionan. Me impresiona que los vecinos de Oslo hayan logrado contener otra ola de contagios, pero es importante que aguantemos dos semanas más".

YA CASI ESTÁ TODO LISTO

El trabajo de base ya está hecho. Has cubierto el triángulo retórico.

- ¶ Contexto: sabes en qué punto está el tema antes de hablar o escribir sobre él y conoces tanto las circunstancias generales como las individuales de la materia y la situación.
- ¶ Público objetivo: sabes para qué publico vas a hablar o escribir, lo que necesitan saber y cómo hacer que les llegue el mensaje.
- ¶ Objetivo: tienes muy claro qué quieres conseguir con tu intervención, tienes un propósito general y objetivos específicos.
- ¶ Mensaje principal. Y tienes una frase preparada: ¡los puntos fijos!

Tienes muchas posibilidades de expresarte de una manera que te permita conseguir lo que te propones. La preparación te da una base sólida sobre la que reposará la comunicación. Las ideas y el teclado se mueven en la dirección correcta.

Rellena el triángulo completo antes de empezar a trabajar de forma sistemática con el contenido, la construcción de la presentación y el diseño del mensaje. Si lo conviertes en una regla y una costumbre, la planificación sucederá de manera automática y pensarás rápido y casi sin darte cuenta.

PASO A PASO

Estás listo para trabajar con lo que vas a comunicar. Los oradores de la Antigüedad utilizaban distintos métodos para organizar el trabajo. Este libro sigue la estructura de Cicerón:

1. El contenido: *Inventio*
2. Organización del material: *Dispositio*
3. Lenguaje y estilo: *Elocutio*

Y para las presentaciones orales, también estos dos puntos:

4. Memorización del contenido: *Memoria*
5. Presentación: *Actio*

Si haces el trabajo de base y rellenas el triángulo y después trabajas en los cinco puntos clásicos, te expresarás de una manera adecuada para que tus palabras lleguen al público.

En resumen, la retórica que funciona puede formularse así:

R=

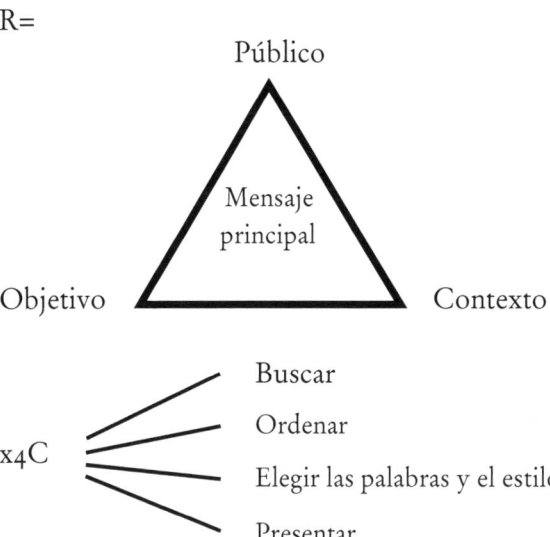

Público

Mensaje
principal

Objetivo   Contexto

x4C
- Buscar
- Ordenar
- Elegir las palabras y el estilo
- Presentar

La fórmula de la retórica: R = Retórica. C = Competencias. "Presentar" se aplica solo a los discursos orales.

Ahora empieza la planificación pura y dura. Para ello se necesitan varias competencias o capacidades:

1. La capacidad de buscar fuentes, es decir, información de calidad, y la capacidad para analizar el contenido, priorizar, separar la paja del trigo, distinguir entre la mugre y la uña.

2. La capacidad de ordenar el contenido para que el público pueda seguirlo con mayor facilidad.

3. La capacidad de dotar al contenido de un lenguaje eficiente y un estilo que se adapte al emisor, al mensaje, al objetivo, a la situación y al receptor.

Para las presentaciones orales es necesaria una competencia más:

4. La capacidad de expresarse de manera oral, lo cual incluye el uso del lenguaje corporal, la voz y los gestos.

La división clásica del trabajo también incluye la capacidad de recordar con precisión lo que hay que decir. Esta habilidad sería más importante en una sociedad sin papel ni teléfonos inteligentes, pero aun así es necesario practicarla.

Mientras recopilas material, encuentras información que te obliga a ajustar el mensaje principal. Al organizar el material o escribir tu primer borrador, has calentado. Tu cerebro, tu corazón y todo tu cuerpo se adaptan a la tarea y surgen ideas, perspectivas y descubrimientos. A través del proceso de escritura llegas a nuevas conclusiones y te das cuenta de que tienes que investigar más sobre esto o aquello. Necesitas un ejemplo o una anécdota o una buena cita de una fuente fiable. Hay que comprobar los datos, estudiar las perspectivas. Por lo tanto, toca revisar el plan. Esta es una de las cosas más maravillosas de la comunicación. Al escribir cartas, palabras, oraciones y párrafos, nos vamos dando cuenta de cómo encajan. El mejor argumento aparece como si surgiera de la nada, y la conexión lógica se revela sola. Por lo tanto, no debemos conformarnos con lo que tenemos cuando el propio texto exige que cambiemos el plan.

Inventio. Busca el contenido: razón y emoción

"**C**ONOCE EL TEMA Y las palabras llegarán solas", dijo el senador romano Catón el Viejo, y hay que ponerle buena nota por ello, porque cuanto más sabemos, más fácil nos resulta elegir los elementos adecuados y encontrar los que nos faltan. Cicerón lo dijo bien claro: el orador ideal debe conocer los métodos básicos de la retórica, pero también ha de tener conocimientos de un amplio espectro de materias: historia, literatura, filosofía, derecho. "La sabiduría sin elocuencia es inútil, y la elocuencia sin sabiduría es perjudicial". Cicerón creía que la búsqueda del contenido —*inventio*— era la fase crucial para un orador: "Si el orador no ha comprendido el tema en cuestión, su discurso será inútil o ridículo, y todo el mundo se burlará de él. Pues ¿acaso hay algo más absurdo que un montón de palabras vacías, sin sentido ni sustancia, por muy bellas que sean?".[27]

Pero ¿qué tienen que contener un texto o un discurso? Si conoces el contexto, el objetivo, el público y la idea general que quieres transmitir, sabes lo que está en juego

27. Cicerón, Quintiliano y Tácito, *op. cit.,* p. 61.

y sabrás qué es lo que tienes que buscar. Puedes empezar por ti mismo, por ejemplo, haciendo un mapa mental con el que establecer asociaciones sobre un tema. Así es como te vendrán a la cabeza las cosas sobre las que tendrás que investigar. Después tienes que seguir avanzando: busca a alguien con conocimientos sobre el tema y pregúntale. Busca libros. Busca en Internet con cabeza y con criterio.

Aristóteles trata extensamente y en detalle las reglas generales del contenido.[28] Introduce el concepto de *topos,* que puede entenderse como lugares para los argumentos de todas las áreas de la vida, es decir, puertas que hay que abrir para acelerar el pensamiento. Cinco ejemplos:

¶ ¿Cómo defines el tema? ¿Qué es lo que lo caracteriza? Asegúrate de tener una idea precisa de lo que vas a transmitir.

¶ ¿Cómo se puede comparar ese tema con otros?

¶ ¿El tema puede vincularse a otra cosa, como una contradicción o una relación de causa y efecto?

¶ ¿En qué circunstancias se da este fenómeno?

¶ ¿Cómo se puede dividir el tema en subgrupos?

El matemático griego Teeteto dijo que las buenas preguntas son el comienzo de todo el conocimiento, algo que también confirma el escritor y periodista británico Rudyard Kipling, que dijo lo siguiente:

Seis fieles sirvientes tengo
(me enseñaron cuanto sé).

28. En su *Retórica,* Aristóteles presenta un relato exhaustivo en sus propias palabras.

Sus nombres son Cómo y Cuándo,
y Dónde, Qué, Quién y Por qué.

Empieza con una pregunta abierta. ¿Qué estudios, libros, estadísticas, hechos, líneas de pensamiento hay? ¿Quién puede ofrecer historias relevantes, anécdotas o ejemplos? ¿Quién ha dicho algo inteligente sobre el tema?

Esbozar un mapa mental puede ser una forma fructífera de desarrollar las ideas.

Aristóteles definía la retórica como la capacidad de encontrar posibilidades de convencer por medio del buen carácter del orador *(ethos)*, a través de los sentimientos del público *(pathos)* o de los argumentos del tema en cuestión *(logos)*. Al propio Aristóteles le habría gustado que la argumentación fáctica *(logos)* fuera suficiente, pero reconocía que en muchos contextos era necesario apelar a las emociones del público *(pathos)* o al carácter y la credibilidad del orador *(ethos)*.

Las tres formas de argumentar son relevantes en cualquier contexto profesional, pero también en la vida cotidiana. Imaginemos al padre de tres niñas pequeñas que tiene pensado hacer bacalao ahumado con ensalada de zanahoria para cenar.

"¡Otra vez pescado!", resuena desde las habitaciones de las niñas, pero el hombre de la casa sabe cómo salirse con la suya. Y lo consigue.

La pequeña se acerca a su padre. Ella cree que él lo sabe todo, que hace lo correcto y que solo quiere lo mejor para ella. Hace lo que le dice. *¡Ethos!*

La mediana se muestra escéptica, pero el padre le promete que de postre hay helado, apelando así a sus emociones. Ella también se lo come. *¡Pathos!*

La mayor cambia de opinión. El padre le lee el envoltorio y le transmite todo lo que sabe sobre la comida sana. Vitaminas, omega 3, fibra. La convence. ¡*Logos*!

ETHOS: ¿POR QUÉ TENEMOS QUE CREERTE?

¿Qué pueden hacer los fabricantes de jabón para que los clientes elijan su producto? Los jabones se diferencian muy poco en materia de ingredientes, textura, aspecto y uso. En 1883, un fabricante estadounidense encontró la solución: consiguió que Mary Anderson recomendara su producto. En aquel entonces, Mary Anderson era una de las actrices más famosas de Estados Unidos, era popular e inspiraba confianza, y al publicitar esa marca de jabón, se convirtió en la primera *influencer*.[29]

Mary Anderson fue elegida imagen publicitaria porque el fabricante creía que tenía un *ethos* intachable a ojos de su público objetivo. Hoy en día, cuando los publicistas eligen *influencers* en Instagram, piensan de forma parecida: los *influencers* deben tener gran credibilidad e inspirar confianza en el público que más probabilidades tenga de gastarse su dinero en el producto de la empresa.

Muchas personas han pensado en el *ethos*. El padre de la iglesia san Agustín de Hipona (354-430) desarrolló la retórica cristiana. También escribió manuales para los encargados de educar a otros en la fe y la conducta cristianas. Durante su obispado de Hipona, en la actual Argelia, la ciudad de al lado se vio asolada por guerras civiles. San Agustín decidió intentar detener la masacre entre vecinos y lo primero que hizo fue analizar el contexto: la gente

29. Gianluca Perrelli y Marta Migliore, *Homo influencer. Lasciare il segno nell'era digitale*, Gribaudo, 2021.

estaba en guerra, hombres y mujeres luchaban entre sí. ¿A quién escucharían y con qué mensaje? Agustín descubrió que lo correcto era viajar a la ciudad de al lado con toda la autoridad que un obispo pudiera ostentar, y hablar a los vecinos con el estilo elevado que se espera de su cargo. Es decir que valoró la situación y las expectativas de las personas que quisieran acercarse a él y decidió aprovechar su *ethos* para convencerlas. El plan surtió efecto, pues, tras el discurso, estallaron los aplausos y la gente lloró emocionada. La guerra civil había terminado de una vez por todas.[30]

Tanto los fabricantes de jabón como san Agustín utilizaron el *ethos* como un método para demostrar algo y sabían que Aristóteles tenía razón cuando dijo que, en el fondo, para convencer hay que apoyarse en la credibilidad o la confianza, como han confirmado varios estudios: cuanto más confíe en nosotros nuestro público desde el principio, más podremos influir en él. Y si los receptores de nuestro mensaje creen que somos como ellos y que compartimos sus creencias fundamentales, nuestras opciones de convencerlos aumentarán. Unos conocidos estudios experimentales que se llevaron a cabo en 1950 en Estados Unidos mostraron que el mismo mensaje sobre submarinos nucleares resultaba más convincente si los receptores pensaban que el mensaje venía de un físico estadounidense que si creían que la fuente era el periódico soviético *Pravda*.[31]

Aristóteles dice que el *ethos* del orador se compone de (al menos) tres partes. Los tres elementos deben

30. Extraído de Ryan N. S. Topping, *The Elements of Rhetoric*, 2016.

31. Ülkü D. Demirdögen, "The Roots of Research in (Political) Persuasion: Ethos, Pathos, Logos and the Yale Studies of Persuasive Communications", en *International Journal of Social Inquiry*, 2010.

estar presentes para que el orador tenga influencia en su público:

¶ Sabiduría práctica *(frónesis)*.

¶ Moral *(areté)*.

¶ Disposición positiva hacia el público *(eunoia)*.

Puede que creas que puedes influir en tu público, que eres una persona honrada y que deseas lo mejor para las personas que te leen o te escuchan, ¡pero tu *ethos* no lo decides tú! Esa decisión le corresponde al público. Si queremos convencer, nuestros receptores también tienen que creer en nuestras cualidades. Cuando escribes o hablas para un público, tienes que proyectar un *ethos* basado en lo que el público sabe y piensa de ti. Si el público sabe poco de ti, deberías darle información. Ser autocomplaciente rara vez es aconsejable, pero no está de más dar algún dato sobre lo que somos, lo que sabemos hacer, cuál es nuestra relación con el mundo del receptor y qué intenciones tenemos.

También puedes mejorar tu *ethos* a lo largo de tu intervención. Cita fuentes fiables, cítalas correctamente y acredita a quien haya que acreditar. Demuestra que dominas el tema del que estás hablando. Elige un lenguaje y un tono que se adecúen al tema, al público y a la ocasión. Cuanto más identifiquen los presentes al orador como uno de los suyos, mejor. De lo contrario, tu *ethos* puede verse debilitado por lo que transmites. Por escrito, las erratas, los errores y la falta de atención a los detalles pueden resultar perjudiciales.

Aristóteles también señalaba que la autenticidad refuerza nuestro *ethos* como oradores: "Igualmente, [amamos] a los que no andan fingiendo con nosotros".[32] Los expertos en retórica Anders Johansen y Jens E. Kjeldsen opinan que la autoridad como una de las dimensiones de la credibilidad del orador se ve favorecida por la televisión como medio de comunicación. Kjeldsen describe tres requisitos para una autenticidad que nos otorgue credibilidad: 1) que nuestro discurso no resulte excesivamente preparado, ensayado ni retóricamente artificial; 2) que transmitamos intimidad, trato personal y compromiso genuino; 3) que mostremos coherencia tanto en la situación actual como a lo largo del tiempo. Que seamos siempre la misma persona.[33]

EL *ETHOS* DE LA PANDEMIA

El 17 de marzo de 2020, el COVID-19 llegó a Noruega. En el programa *Debatten,* en el principal canal de televisión del país, NRK, la doctora Gunnhild Alvik Nyborg dijo que ciento cincuenta mil noruegos podrían morir de COVID y que la gestión por parte de las autoridades era insuficiente. ¿Cómo recibió el público el programa? Cuatro investigadores analizaron la emisión y las reacciones en Twitter.[34]

NRK dejó a Nyborg sola en el estudio durante 32 minutos y construyó su *ethos* presentándola como una

32. Aristóteles, *Retórica,* libro 2, capítulo 4.27, trad. de Quintín Racionero, Gredos, 1990.

33. Jens E. Kjeldsen, *Retorikk i vår tid. En innføring i moderne retorisk teori*, Spartacus, 2016, p. 23.

34. Jens E. Kjeldsen, Øyvind Ihlen, Sine N. Just y Anders Olof Larsson, "Expert Ethos and the Strength of Networks: Negotiations of Credibility in Mediated Debate on COVID-19", en *Health Promotion International,* 2022.

experta fiable. Presentó las estadísticas y la información factual *(logos)* y también apeló a las emociones *(pathos)* al decir que Noruega estaba en guerra y que la falta de acción sería como haber dejado entrar al buque de guerra *Blütcher* en el fiordo de Oslo el 9 de abril de 1940 sin disparar ni una sola vez. El presentador de NRK formuló preguntas fáciles que ella respondió sin problemas. Los últimos 27 minutos, dos representantes de las autoridades noruegas participaron a través de una videollamada. NRK los situó en una posición defensiva, y este enfoque negativo se vio reforzado por las preguntas incisivas del presentador. Los representantes de las autoridades respondieron abiertamente y con tranquilidad con un lenguaje sencillo, hicieron hincapié en que la situación no estaba clara, pero insistieron en que las medidas eran apropiadas. También hicieron referencia a su relación con las autoridades de la política y con los mayores expertos del país y del resto del mundo. El público de Twitter apoyaba a las autoridades, como mostró un análisis de casi dos mil tuits. ¿Cómo podía ocurrir después de un programa en el que una institución como NRK llevara a una voz crítica que había hablado durante más de media hora sin que nadie le llevara la contra? Los investigadores explican el resultado por el alto nivel de confianza que despertaban las autoridades sanitarias desde el principio. El *ethos* de los representantes de las autoridades era, pues, el mejor. Además, hablaban de una manera que infundía confianza en la situación actual y que los investigadores recomiendan:

¶ Usa una retórica abierta, que invite al público.

¶ Usa un lenguaje sencillo para anclar lo que transmites en el contexto de la vida cotidiana.

¶   Construye una red y consigue aliados, también en redes sociales.

A nivel internacional, las investigaciones confirman que en los países donde la gente confía en las autoridades la población prestó más atención a los consejos sobre distanciamiento social y otras medidas que podrían reducir el contagio. Por lo tanto, las reglas estatales sobre la pandemia funcionaron en los países europeos donde las autoridades gozan de confianza desde el principio.

Pero ¿qué pasa con los países en los que la confianza es menor? Cuando el presidente de Argentina Alberto Fernández dio su primer discurso sobre el COVID-19 el 12 de marzo de 2020, suavizó las prohibiciones y las obligaciones. A la frágil democracia argentina no le gustan los líderes que amenazan. En lugar de eso, el presidente argumentó desde un *ethos* basado en parte en su credibilidad como profesor y en parte en los sentimientos y la identificación con el pueblo. En su discurso, hizo referencia a expertos nacionales e internacionales y también utilizó estadísticas y cifras como argumentos. El presidente estableció una conexión emocional con su pueblo por medio de palabras y expresiones como "quiero compartir con ustedes", "juntos", "nosotros", "unidos", "todos nosotros". El presidente Alberto Fernández concluyó así: "Una vez más tenemos que demostrarnos a nosotros mismos que estamos unidos en lo importante [...] Somos la Argentina. Un país unido en el que cada uno debe comprometerse con los demás y todos con cada uno [...] un país unido en el que comprendemos que lo que le pasa al otro nos afecta a todos".

En el siguiente discurso, del 30 de marzo, el presidente pudo afirmar que el 90 % de los argentinos estaba siguiendo las recomendaciones de cuarentena.[35]

Quedémonos en Argentina durante algunas líneas más. Cada domingo, tanto los turistas como la población local van al mercado de San Telmo, en Buenos Aires. La kilométrica calle Defensa está plagada de comercios que venden antigüedades reales y otras que no lo son tanto, arte de ayer y de hoy, ropa, comida típica y recuerdos. Tres iconos argentinos decoran pósteres, calendarios, tazas y mecheros: Maradona, el papa Francisco y Eva Perón (1919-1952). Aunque nunca tuvo un puesto político oficial en Argentina, como primera dama durante algunos años antes y después de 1950 —casada con el presidente Juan Perón—, Eva Perón alcanzó una popularidad y una veneración que solo comparten con ella los santos, además del apodo cariñoso de Evita. Lo que hizo fue identificarse con los pobres y los trabajadores. A través de su carisma y de algunos encuentros emotivos, fue construyendo un *ethos* que hizo que se fundiera con su público elegido, el cual le permitió convertirse en su voz. Eva Perón tenía experiencia como actriz y cantante. Conocía las herramientas para cautivar al público y reafirmó su propio mito hasta cuando un cáncer de cuello de útero acabó con su vida. Oficialmente, falleció el 26 de julio de 1952, a las 20:25. La hora no era exacta, pero a esa hora se había casado con Juan Perón y ella misma había decidido que era la hora más adecuada. Eva Perón conocía a su público, sabía cómo llegar al corazón de las personas, tenía

---

35. Karina Masasa, "The Role of Trust in the Discursive Construction of Legitimacy and Authority. The First Address on COVID-19 in Argentina", en *Open Edition Journals*, 2022.

claro cómo debía ganarse la confianza y la credibilidad de forma consciente. Así se convirtió en una figura misteriosa y poderosa que setenta años más tarde aún ejerce una atracción mágica en quieres se pasean por los anticuarios de Buenos Aires.[36]

Argentina, Europa, Noruega, pandemias mortales: la confianza, la credibilidad o lo que la retórica llama *ethos* son variables necesarias para las autoridades que quieren tener una influencia en los ciudadanos. Los mismos principios se aplican también a pequeña escala: cuando das un discurso en la comunidad de vecinos, cuando presentas un proyecto nuevo en tu trabajo o cuando hablas en una conferencia. Tu *ethos* es parte del mensaje. Si creemos en ti, creeremos en lo que dices. Puedes expresar tu *ethos* con palabras o indirectamente a través de la manera en la que presentas el mensaje tanto verbalmente como a través de tu lenguaje corporal.

LOGOS: HÁBLALE AL CEREBRO

El hecho fáctico. El razonamiento lógico. Los estudios que demuestran que esto es así y asá. El ejemplo plausible. La descripción esclarecedora. La estadística fácil de comprender. Definiciones y explicaciones que ilustran y explican. ¿Qué pasaría si…? ¿Cuáles son las causas y los efectos? ¿Existe alguna alternativa a tus ideas? ¿Y cómo puedes convencer punto por punto de que eres la persona a quien hay que escuchar? Todo esto apela al cerebro y pertenece al *logos*. La elección de un lenguaje y un estilo

36. La fuente principal para la descripción de la retórica de Evita: Gabriela Andrea Masut, *Santa Evita: The Mother of Descamisados,* Lynn University, 2006.

adecuados también. Tienes que explicarte con claridad, lógica y corrección gramatical y ortográfica.

Aristóteles nos enseñó que podemos argumentar de manera válida de dos formas distintas:

¶ Podemos argumentar de lo general a lo particular (deducción), es decir, extraer conclusiones a través de conexiones lógicas de premisas probables.

¶ Podemos argumentar de lo particular a lo general (inducción), es decir, extraer conclusiones de ejemplos concretos.

DEDUCCIÓN: LA LÍNEA DE PENSAMIENTO LÓGICA

El silogismo es la manera clásica de argumentar de manera lógica. He aquí un ejemplo de libro:

¶ Premisa 1: Los seres humanos son mortales.
¶ Premisa 2: Sócrates es un ser humano.
¶ Conclusión: Sócrates es mortal.

Pero pueden salir mal. La otra de teatro dano-noruega *Jeppe på Berget* [Jeppe de la montaña], de Ludvig Holberg, pone el ejemplo noruego de una conclusión fallida:

¶ Premisa 1: Nille no vuela.
¶ Premisa 2: Una piedra no vuela.
¶ Conclusión: Nille es una piedra.

Dicho de otra manera:

¶ A es C.

¶ B es C.

¶ Pero aunque tanto A como B sean C, eso no quiere decir que A sea B.

Asegúrate de que tus conclusiones sean válidas y estate alerta: la conclusión en sí misma puede ser válida, pero las premisas también deben ser veraces para que el argumento se sostenga. Si introduces premisas dudosas en tus razonamientos, te pueden atrapar. Y si el argumento ha de convencer al público, también tiene que ser relevante.

Si quieres que se valore tu *logos*, debes ofrecer conclusiones sólidas, todos tus datos deben ser hechos probados y, cuando te valgas de datos estadísticos, debes hacerlo con criterio. Un error común es ver causalidad cuando solo existe una correlación estadística. El Instituto Noruego de Tecnología tuvo en cuenta esta diferencia en 1948 cuando redactó esta pregunta de examen: "¿Qué relación existe entre el descenso de la tasa de natalidad en Dinamarca y la disminución del número de cigüeñas que construyen nidos?".

La lógica es una disciplina aparte. Al comunicarnos, también se nos juzga por la lógica de lo que decimos o escribimos. En retórica, sin embargo, lo que más empleamos no es la conclusión lógica pura (silogismo), sino lo que Aristóteles denominó entimema: una inferencia en la que no podemos o no queremos demostrar lo que afirmamos. Hacemos que sea probable. Muchas cosas en la vida no se pueden demostrar, pero lo que sí podemos hacer es argumentar con afirmaciones probables que culminan en una conclusión. La probabilidad —*eikós* en griego— es un concepto retórico clave, y es el público quien determina la credibilidad de nuestro mensaje. Según la retórica clásica, lo que decimos tiene que despertar un eco en el público, encajar con sus percepciones y mapas mentales, como nos enseñó Córax en Siracusa cuando creó la retórica casi quinientos años antes de Cristo.

A veces no transmitimos las conclusiones por completo. Tal vez nos conformemos con una de las premisas, como en este caso: "Por supuesto que lo ascendieron. Es un hombre". La promesa que omitimos es: "A los hombres los ascienden con mayor facilidad que a las mujeres". También podemos saltar directamente a las conclusiones. Lo que presentamos es lo que la retórica denomina sentencias: enunciados concisos sobre la vida, el mundo o cualquier otro tema del que se esté hablando, como en este caso: "Solo lo perdido se posee para siempre". Este tipo de frases ingeniosas también funcionan porque son más entretenidas que los razonamientos lógicos, que pueden resultar tan emocionantes como las fórmulas matemáticas.

Los discursos persuasivos deben tener sustancia y, sea cual fuere su propósito, cualquier comunicación debe tener un contenido sólido. Cuando informamos, el contenido es lo fundamental. Si queremos cambiar las opiniones o la postura del público o conseguir que nuestros receptores actúen, el contenido debe ser relevante y significativo. Así es como apelamos al intelecto de quien nos lee o nos escucha.

INDUCCIÓN: EL PODER DEL EJEMPLO

¿Acaso Dionisio busca gobernar como un tirano? Aristóteles dice que no tenemos ninguna certeza al respecto, pero el caso es que Dionisio ha pedido un guardaespaldas. Por lo tanto, los ejemplos pueden utilizarse a modo de prueba. Porque Pisístrato había pedido un guardaespaldas y acabó siendo un tirano. Lo mismo ocurrió con Teágenes y todos los demás tiranos. Quien pretende gobernar como un tirano solicita un guardaespaldas.

Si vas a argumentar para conseguir que se construya un nuevo parque, puedes valerte de ejemplos: "He paseado mucho para visitar distintas comunidades de vecinos. Cuando las asociaciones han invertido en parques infantiles nuevos y de calidad, dichos parques estaban llenos de niños de primera a última hora de la tarde. Por lo tanto, nosotros también deberíamos tener un parque infantil".

LA RUTA CENTRAL

Pero ¿hasta qué punto debemos persuadir? Los investigadores Richard Pettey y John Cacioppo desarrollaron una teoría que considera la persuasión como un proceso cognitivo de los receptores del mensaje. Descubrieron que a algunos receptores los argumentos lógicos les resultan útiles. Es lo que ellos llaman la ruta central (modelo de la probabilidad de elaboración o ELM, por su sigla en inglés):[37]

---

37. Tomado de Jens Koed Madsen, *The Psychology of Micro-Targeted Election Campaigns,* Palgrave Macmillian, 2019.

¶ Información, argumentos racionales para apoyar una conclusión concreta.

¶ Se puede usar con los receptores que se sienten motivados por la información y que tienen la capacidad de valorarla.

¶ Puede producir cambios sostenibles a largo plazo en el público.

¶ Los argumentos sólidos que se alinean con los valores de los receptores los inmunizan contra los argumentos contrarios y facilitan que los cambios de actitud del público perduren en el tiempo.

¶ Las repeticiones fortalecen el efecto.

¶ Los argumentos neutrales no surten ningún efecto. Los argumentos débiles reciben una respuesta negativa.

¶ Investigaciones posteriores han demostrado que, al dirigirse a un público crítico y experto, resulta apropiado presentar argumentos tanto a favor como en contra de la postura que tengamos.

PATHOS: LLEGA AL CORAZÓN

Los servicios de inteligencia recibieron instrucciones claras para redactar informes durante la dictadura militar en Argentina, entre 1976 y 1983. Escribían sobre secuestros, desapariciones y asesinatos, pero se expresaban con frialdad y distancia. Las personas que fueron secuestradas, asesinadas o desaparecidas eran elementos, no seres humanos con nombre y apellido. El lenguaje era pasivo ("se ha investigado...") y los miembros de los servicios de inteligencia deshumanizaban a las víctimas. Los documentos debían estar limpios de sentimientos. ¡Nada de *pathos*![38]

A regañadientes, Aristóteles tuvo que reconocer que nos dejamos influir por los sentimientos, y los oradores que juegan con ellos tienen un as en la manga. Los argumentos basados en el *pathos* deben llegar al corazón del público. Esto ocurre a través del lenguaje, el estilo y la propia presentación (tú mismo has de sentirlo), pero también a través de las decisiones que tomamos y del contenido de lo que decimos. Los discursos nos llegan más cuando vienen a nuestro encuentro, cuando saben lo que pensamos y sentimos. Y cuando muestran un compromiso personal y tienen en cuenta nuestros deseos y necesidades. La razón es una esclava de los sentimientos, dijo el filósofo David Hume hace trescientos años, y la investigación psicológica moderna también confirma que los seres humanos pesamos en primer lugar con las emociones.[39] El cerebro interviene para justificar y explicar la conclusión a la que ha llegado el corazón o para permitir que una reflexión sensata rechace lo que el corazón ha concluido.

El *pathos* mantiene atento al público y puede influir tanto en la comprensión como en la actitud y la acción. Al atajo para convencer a través de jugar con el *pathos* (y el *ethos* del emisor), Pettey y Cacioppo lo llaman la ruta periférica a la persuasión. A los receptores no les interesan los mensajes complicados, no tienen ni el tiempo

---

38. María Alejandra Vitale, "The Self-Image of Intelligence Agents in an Archive of State Repression in Argentina", *Acta jurídica*, 2022, disponible en <https://doi.org/10.47348/ACTA/2022/a4>.

39. Jonathan Haidt, "Dialogue between My Head and My Heart: Affective Influences on Moral Judgment", en *Psychological Inquiry*, 2002.

ni la capacidad de valorarlos y no tienen acceso a información compleja. Los argumentos periféricos apelan a los sentimientos del público y utilizan unos medios más superficiales. Los investigadores opinan que ese tipo de argumentos puede tener efectos rápidos, pero a corto plazo. La mayor parte de la argumentación comercial que vemos se basa en la ruta periférica.

CONTENIDO QUE FUNCIONA[40]

Los líderes que se perciben como personas persuasivas y carismáticas destacan:

1. Una historia compartida y la conexión entre el pasado y el presente.
2. Una identidad compartida por encima de los intereses individuales.
3. El valor del público.
4. Los parecidos entre el ponente y el público.
5. Los valores y la moral y los objetivos a largo plazo en lugar de unos resultados concretos en el futuro cercano.
6. La esperanza y la fe.

El discurso de Jesse Jackson en la convención del Partido Demócrata de Estado Unidos en 1988 es el ejemplo con el que los investigadores ilustran sus hallazgos. Jackson elogió al público y aumentó su autoestima.

40. Boas Shamir, Michael B. Arthur, Robert J. House, "The Rhetoric of Charismatic Leadership: A Theoretical Extension, a Case Study, and Implications for Research", en *Leadership Quarterly*, 1994.

Señaló similitudes en el contexto, la experiencia y los valores compartidos y destacó a líderes como Martin Luther King Jr. y John F. Kennedy.

Descifra el código
Siete pasos para convencer al público

El psicólogo social Robert Cialdini ha descubierto que hay siete formas de convencer a la gente. Todas ellas tienen que ver con nuestra relación con otras personas y también con los tres tipos de persuasión de Aristóteles:[41]

Ethos:

1. AUTORIDAD. Escuchamos a quien sabe. Consejo: cuenta por qué eres la persona adecuada para hablar del tema.

2. ARGUMENTOS AFINES. Cuando sentimos simpatía por una persona o una empresa, también simpatizamos con sus ideas. Consejo: ¡rompe el hielo al presentarte! Si lo sientes de verdad, elogia al público y al organizador.

Pathos:

3. PRUEBA SOCIAL. Hacemos lo que hacen los demás, especialmente si son como nosotros. Consejo: busca a alguien en la sala que creas que simpatiza

41. Marianne Dainton y Elaine D. Zelley, *Applying Communication Theory for Professional Life. A Practical Introduction*, 2018; Jens Koed Madsen, *The Psychology of Micro-Targeted Election Campaigns*, Palgrave Macmillian, 2019.

contigo. Eso puede contribuir a crear un ambiente positivo. También puedes respaldar tus afirmaciones con fuentes fiables.

4. RECIPROCIDAD. Toma y daca: si das algo a alguien, estará más motivado para corresponderte. Consejo: ofrece un buen contenido y una presentación original a tu público. Así querrán darte algo a cambio.

5. COMPROMISO Y COHERENCIA. Aceptamos con mayor facilidad los argumentos que se adaptan a lo que ya pensábamos. Queremos que nuestras opiniones estén ordenadas y sean coherentes. La teoría de la disonancia cognitiva confirma que buscamos que nuestras opiniones y nuestras acciones sean coherentes. Si vuelas mucho, pero a la vez tienes un compromiso con el cambio climático, se produce una disonancia cognitiva. Las compañías aéreas contribuyen a ello cuando ofrecen a los clientes compensar la huella de carbono al comprar los billetes. Consejo: haz la tarea. Averigua qué piensa y siente tu público. Empieza el diálogo en ese punto. Acércalos a ti pasito a pasito si quieres acortar la distancia que os separa.

Logos:

6. CONTRASTES. Quien intenta convencer establece contradicciones que hacen que su propuesta resulte fácil de aceptar. Consejo: cuando presentes tu propuesta, compárala con una alternativa que sepas que no será bien recibida.

7. CONCISIÓN. "Quedan pocos billetes". Consejo: dile al público que vas a presentar algo nuevo y

exclusivo para ellos, aunque en ese caso resulta con-
traproducente si se hace una presentación al uso.

¡CUENTA UNA HISTORIA!

Hay un proverbio cheroqui que dice: "Si me enseñas algo,
aprenderé. Si me dices la verdad, creeré. Si me cuentas una
historia, vivirá en mi corazón para siempre". Por eso, se-
guiremos la máxima de "muéstralo, no lo cuentes" (mejor
conocida en su expresión inglesa: "*Show, don't tell*"). El
arte de contar historias como método de persuasión puede emplearse en todas las formas de prueba aristotélicas,
pero resulta más eficaz para despertar las emociones del
receptor. ¡Contar historias es antiquísimo! Cuando em-
pezamos a hablar hace cincuenta mil años, dejamos atrás
una era en la que nuestra única forma de percepción eran
los cinco sentidos.

El napolitano Giambattista Vico (1668-1774) lideró una cruzada contra el filósofo y matemático René
Descartes (1596-1650), que consideraba la retórica como
algo oscuro. Vico sostenía que era la retórica, y no la lógica, lo que constituía la base de la cultura humana, y que la
imaginación humana, a través de los mitos, es lo que crea
el significado y la civilización.[42]

A Vico se lo percibía como un teórico excéntrico,
pero los retóricos actuales han retomado sus ideas sobre el
valor de la narrativa, del relato. El estadounidense Walter
Fisher (1931-2018) hizo hincapié en que las historias pueden usarse para más cosas que entretenerse y pasar el tiempo. Opinaba que casi toda la comunicación humana se basa

---

42. James A. Herrick, *The History and Theory of Rhetoric*, 2018.

en historias, y que estas tienen el poder de convencer. Las historias no se pueden probar, pero ayudan a crear percepciones, valores y acciones en el *Homo narrans,* el humano que narra. Las historias, siempre que sean coherentes y representen descripciones de la realidad que el público entienda como relevantes, plausibles y creíbles, nos ofrecen una opinión y un entendimiento que resulta difícil transmitir a través de los fríos hechos.[43] Las historias pueden penetrar a través de toda la grasa que rodea nuestra alma y que nos protege de las influencias externas.

El neurocientífico Paul J. Zaks ha llevado a cabo tanto trabajo de campo como de laboratorio y cree haber documentado que el cerebro adora las historias que tienen que ver con los sentimientos. Esas historias nos conmueven porque entra en juego la oxitocina, una hormona que se asocia con los sentimientos de calidez, con la unión y la cercanía.[44] El poder de las historias se ve reforzado por los científicos que han investigado si la información sobre el cambio climático tiene efectos distintos en quien la recibe si se presenta de maneras distintas. Llegaron a la conclusión de que las historias resultan más eficientes a la hora de convencer que la información objetiva pura y dura y, en consonancia con el tema de la investigación, que consiguen que quienes las escuchan tengan una mejor actitud hacia el cambio climático.[45] Otras investigaciones confirman los hallazgos, realizados como experimentos

43. Walter R. Fisher, "Narration as a Human Communication Paradigm", en *Communication Monographs,* vol. 51, 1984.

44. Paul J. Zak, "Why Inspiring Stories Make Us React: The Neuroscience of Narrative", en *Cerebrum,* 2015.

45. Brandi S. Morris, Polymeros Chrysochou, Jacob Dalgaard Christensen, Jacob L. Orquin, Jorge Barraza, Paul J. Zak y Panagiotis

de laboratorio con registro de la actividad cardiaca y cerebral, o mediante entrevistas, encuestas u observación. El mundo es mucho más que datos. Percibimos la realidad a través de una serie de relatos que vamos eligiendo y todos juntos terminan creando una historia coherente.

Las historias se pueden contar de muchas maneras. El modelo clásico de Hollywood es muy popular: 1) describe el mundo; 2) cuenta lo que sucede y las dificultades que hay que superar; 3) ofrece una conclusión que refuerce la solución.

Las historias están por todas partes: en algo que viste o que oíste contar a otros; en la empresa a la que representas; en los libros que leíste y las películas que viste; en los lugares que visitaste y en los objetos que significan algo para ti.

¶ Las historias son un buen punto de partida para establecer el tono y construir un marco para lo que está por venir. También pueden intercalarse con lo que se está diciendo o escribiendo para aportar variedad y concreción.

¶ Las historias tienen que conseguir que el público se reconozca en ellas. ¡Eso me podría haber pasado a mí!

¶ Las historias deben tener un mensaje (una moraleja) que ilustre, fundamente y apoye lo que se desea transmitir.

¶ Las historias tienen que poder contarse en uno o dos minutos como máximo. ¡Microrrelatos!

Mitkidis, "Stories vs. Facts: Triggering Emotion and Action-Taking on Climate Change", en *Climatic Change*, Springer Open, 2019.

¶ Las historias que más nos llegan son las películas que nos gustan: un personaje principal con el que podemos empatizar, problemas y tal vez una crisis, y después un final feliz preferiblemente contado de forma impactante.

¶ Las historias tienen que crear imágenes en la mente del público y conviene contarlas de tal manera que también se puedan percibir olores y sonidos.

¶ Las historias pueden tratar sobre ti mismo. Reírse de uno mismo funciona, mientras que el humor y la ironía a costa de los demás pueden percibirse de manera negativa. ¿Podrías ofender a alguien?

La casa edificada sobre la arena. El buen samaritano. El hijo pródigo. Esas historias son las que mucha gente recuerda de las clases de religión. Lo que recordamos son las historias y también la moraleja de cada uno de esos relatos. Jesucristo contaba parábolas que se adecuaban al público y creaban imágenes y asociaciones que convencían a quienes las escuchaban. "¡Viene el lobo!", los cuentos populares noruegos en los que Askeladden se enfrenta a un trol. Cuentos y fábulas con un mensaje claro que varios siglos más tarde no recordaríamos si el narrador hubiera ido directo a la moraleja: "¡Grita solo cuando sea necesario! ¡La arrogancia no trae nada bueno!".

La narración de historias también ha llegado a la gestión y administración de empresas. En 1982, el investigador Ernest G. Bormann demostró cómo los miembros de un grupo crean historias (lo que denominó fantasía) que desarrollan una identidad compartida. Esa fantasía compartida puede ser un chiste, una anécdota o una historia sobre algo que haya ocurrido. La cadena de relatos conforma lo que Bormann denomina una visión retórica.[46]

Los directivos cuentan historias para describir la visión y los objetivos de la empresa. La comunicación facilita que los empleados se identifiquen con la organización para la que trabajan. Los directivos utilizan la misma retórica con las partes interesadas externas a la empresa: "¿Cuál es la situación? ¿A qué problemas se enfrentan los receptores? ¿Cómo puede nuestra empresa solucionar esos problemas? ¿Cuál es la nueva imagen de la situación?". El CEO de Apple Steve Jobs nos ofreció un ejemplo de libro de todo esto cuando presentó Macintosh por primera vez en enero de 1984. Jobs dibujó una imagen de IBM como empresa que no paraba de crecer, pero a la que no le interesaba la idea de una minicomputadora. Jobs describió la situación de la siguiente manera: "En 1984, IBM quería tener el control total de la industria informática". En ese momento, Jobs presentó la primera Macintosh frente a una sala llena de gente en California. Extrajo una computadora pequeña de una bolsa, se sacó un disquete del bolsillo, lo metió en la computadora y dejó que la Macintosh se presentara a sí misma con texto, imágenes y sonido.

Desde fuera, la auditoría parece una revisión de cifras, pero ¿qué hacen realmente los auditores y asesores? La empresa de auditoría KPMG invitó a cuarenta y dos mil empleados de todo el mundo a contar lo que hacen en su trabajo. Los empleados contaron sus historias con la ayuda de una guía, un video y una aplicación. Los

46. El análisis de las teorías de Fisher y Bormann se basa en Marianne Dainton y Elaine D. Zelley, *Applying Communication Theory for Professional Life. A Practical Introduction*, 2018.

comunicadores resumieron las historias y crearon anuncios y carteles con una foto del empleado y un breve texto, con títulos como "Contribuyo a la democracia" (sobre el trabajo con las elecciones en Sudáfrica); "Lucho contra el terrorismo" (sobre los esfuerzos contra el blanqueo de capitales); "Contribuyo al desarrollo de la agricultura y la ganadería" (sobre la asistencia para obtener préstamos).

En muy poco tiempo, KPMG recibió cuarenta y siete mil historias. Las encuestas confirmaron que la campaña consiguió que los empleados se sintieran más orgullosos de trabajar para la empresa y que la visión y los objetivos de KPMG cobraran un mayor sentido para ellos.

Descifra el código
Busca el contenido

¶ Deja que las ideas planeen alrededor del tema. Haz un mapa mental o escribe palabras clave en un papel, en la computadora o en el celular. Plantéate la siguiente pregunta: "¿De qué hablamos cuando hablamos de…?".

¶ ¿Qué más necesitas? Busca contenido relevante en Internet, libros que te puedan ayudar, habla con personas que sepan del tema.

¶ ¿Qué momentos pueden decirle al público que sabes de lo que estás hablando? ¿Datos? ¿Estadística? ¿Razonamientos? ¿Investigación o análisis? ¿Citas de fuentes fiables? ¿Ejemplos?

¶ ¿Cómo puedes aludir a los sentimientos? ¿Microrrelatos? ¿Anécdotas? ¿Ejemplos que cuentan una historia?

Dispositio: ordena el contenido

YA EN LA ESCUELA primaria te enseñaron a crear esquemas: a estructurar el contenido de manera que al receptor le den ganas de escuchar o leer, de comprender y recordar.

Aristóteles creía que la presentación del tema y del argumento debía ser suficiente. Más tarde, los clásicos dedicaron mucha energía y muchos pergaminos a bocetar introducciones detalladas. Como los discursos judiciales eran un género predominante, los retóricos insistían en que había que presentar bien el tema, exponer los argumentos y más tarde refutar los de la parte contraria. La estructura por defecto también incluía una introducción y una conclusión.

¶ *Exordium:* introducción.

¶ *Narratio:* presentación del tema.

¶ *Argumentatio:* presentación de pruebas.

¶ *Peroratio:* conclusión.

Los oradores de la Antigüedad desarrollaron fórmulas intrincadas para ordenar el contenido. Cuando los oradores de la Edad Media tomaron la posta mil años más tarde, el retórico y gramático Boncompagno da Signa dijo que Cicerón y sus semejantes se complicaban demasiado, que lo más sencillo era lo mejor. Aún mil años más tarde tenemos que darle la razón al profesor de Bolonia. La estructura básica para discursos y textos solo necesita tres partes:

¶ Introducción
¶ Cuerpo
¶ Conclusión

Muchos modelos resumen las tareas que han de cumplir las distintas partes del discurso cuando el objetivo es persuadir.

¶ *Hey! You! See! So!* ¡Eh! ¡Tú! ¡Mira! ¡Así!

Capta la atención del público. Cuéntales por qué el tema es importante para ellos. Haz espacio para el contenido. Concluye con una imagen general, repite el mensaje principal y di cuáles son los siguientes pasos que tu público debería seguir.

¶ AIDA: atención, interés, deseo, acción.

Lo primero que tienes que hacer es captar la atención del público. Después, tus puntos fuertes se encargarán de que se mantenga el interés. Una vez que tengas al público de tu lado, termina diciéndole lo que debería pasar.

¶ La secuencia motivadora de Monroe: este modelo es similar a AIDA, pero tiene varios pasos: 1) capta la atención del receptor; 2) muestra el problema; 3) presenta la solución; 4) visualiza la nueva situación; 5) di cuál es el siguiente paso a seguir.

¶ Atrápalos, cautívalos, convéncelos.

El modelo hace hincapié en que es necesario presentar el contenido para que los receptores se queden en tu mundo en lugar de pensar en lo que van a cenar.

Ambos modelos pueden ser igual de buenos. Ambos nos recuerdan que tenemos que captar la atención del público en la introducción, darle un contenido principal que le interese y concluir con un mensaje claro.

INTRODUCCIÓN

En 1985, el profesor David Goodstein escribió un manual de física. En la introducción dijo lo siguiente: "Ludwig Boltzmann, que dedicó gran parte de su vida a estudiar mecánica estadística, se quitó la vida en 1906. Paul Ehrenfest, que continuó su trabajo, murió de la misma manera en 1933. Ahora te toca a ti estudiar esta materia".[47]

No es seguro que la introducción vaya a generarte un interés por estudiar mecánica estadística, pero lo que está claro es que te atrapa: te da ganas de seguir leyendo. Así es como satisface Goodstein uno de los cuatro requisitos de las primeras palabras de un discurso oral o escrito: asegúrate de que el público quiera seguir leyendo o escuchándote. La segunda tarea a la hora de redactar una introducción es dejar claro el *ethos* del orador: demostrar que es la persona adecuada en el lugar adecuado y en el momento adecuado. Como Goodstein usa su título profesional y publica libros, podemos decir que demuestra su *ethos*. Sin embargo, no está claro si la introducción cumple con la tercera tarea: mostrarse empático y positivo con el público. El autor deja claro de qué trata el libro, por lo que cumple con la cuarta tarea de la introducción: indicar cuáles son los temas principales.

47. David L. Goodstein, *States of Matter*, Dover Publications, 1985, p. 1.

Si el público sabe quién eres y cuáles son tus ideales y además eres tan fascinante que se mueren de ganas de escucharte, no hace falta que te presentes ni que busques una fórmula especial para iniciar el discurso. El resto tenemos que seguir los consejos de Quintiliano: debemos esforzarnos por ganarnos la atención y la simpatía del público; por hacerle sentir que lo que está leyendo o escuchando le concierne.

¶ Engancha al público. Como personas educadas que somos, agradecemos que nos inviten a dar un discurso. Hazlo, pero no apenas empieces. Las primeras dos o tres frases de una introducción tienen que atrapar al público. Si no lo consigues, el receptor borrará el mensaje que le has mandado o se distraerá mirando el teléfono durante tu ponencia.

¶ Di lo que sabes hacer. Si el receptor no es consciente de lo que sabes hacer, se lo tienes que contar, pero con cierta discreción. Aristóteles recomienda:

¶ Demuestra que valoras al público. ¡Lo vas a agradecer más tarde! Habla de tu relación con el público y con el tema del que vas a hablar; busca algún punto en común con el que el público pueda identificarse. Cuanto más te perciban tus receptores como *uno de los nuestros,* más posibilidades tendrás de que te escuchen atentamente.

¶ Requisito adicional: mensaje del día. El gancho con el que intentes captar la atención de quienes te escuchan, lo que luego elijas contar sobre tu experiencia y lo que tengas en común con el público tienen que encajar con el tema que vas a tratar. Tienen que ser relevantes. Además tienes que decir clara y directamente cuál es tu mensaje principal, qué se puede esperar tu audiencia.

LAS PRIMERAS FRASES

Cuando el concejal de Oslo, Raymond Johansen, abrió la rueda de prensa el día 399 de la pandemia en el otoño de 2021, comenzó diciendo: "La vida es sencilla para el coronavirus: contagia a quienes puede". Las palabras le llegaron a la mente al redactor del discurso de Johansen una mañana temprano: una variante del primer volumen de *Mi lucha,* de Karl Ove Knausgård: "La vida es sencilla para el corazón: late mientras puede". ¡La introducción del concejal fue un gancho elegante, que además indicaba que la pandemia no había terminado!

El icónico CEO de Apple, Steve Jobs, fue el comunicador más importante de la era de la tecnología de la información. Todo el mundo lo conocía y no hacía falta convencer a nadie para que lo escuchara. Cuando Jobs inauguró el semestre en la Universidad de Stanford en 2005, se limitó a elogiar al público y luego indicó el contenido y la estructura de lo que iba a suceder: "Es un honor acompañarlos hoy que empiezan su andadura en una de las mejores universidades del mundo. La verdad es que yo nunca llegué a graduarme. De hecho, esto es lo más cerca que he estado nunca de una graduación universitaria. Hoy quiero contarles tres historias de mi vida. Nada importante. Solo tres historias".

Cuando Greta Thunberg empezó su discurso en la cumbre climática de las Naciones Unidas de 2019 en Nueva York, fue directo al grano. Todo el mundo sabía quién era y se preguntaba qué iría a decir, y ella no tenía ninguna necesidad de ganarse la simpatía del público, puede que incluso pretendiera conseguir todo lo contrario. Abrió fuego desde el primer segundo: "Mi mensaje es que vamos a vigilarlos de cerca. Todo esto está mal. Yo no debería estar aquí. Debería estar en clase al otro lado del océano. [...] ¡Cómo se atreven! Me han robado los sueños y la infancia con sus palabras vacías".

Cuando la paquistaní Malala Yousafzai compareció en una reunión de las Naciones Unidas en 2013, eligió una variante humilde y respetuosa: "En el nombre de Dios, el Compasivo, el Misericordioso. Honorable secretario general, señor Ban Ki-moon; respetado presidente de la Asamblea General, Vuk Jeremic; señor Gordon Brown, honorable enviado de la ONU para la Educación Global, respetados mayores, queridos hermanos y hermanas. Hoy es un honor para mí estar hablando otra vez después de mucho tiempo. Estar aquí con personas tan distinguidas es una ocasión muy especial de mi vida".

Los escritores también saben cómo engancharnos:

¶ "Mi padre murió hace cinco meses, en un momento oportuno o inoportuno, según se mire" (*La herencia*, Vigdis Hjorth, 2016).

¶ "¿Qué puede decirse de una chica de veinticinco años que murió?

Que era guapísima. Y muy inteligente.

Que le gustaban Mozart y Bach. Y los Beatles. Y yo" (*Love Story,* Erich Segal, 1970).

¶ "Todas las familias felices se parecen; las desdichadas lo son cada una a su modo" (*Anna Karenina*, Lev N. Tolstói, 1878).

¶ "Salió por el portal y entró en la mañana" (*Himno al final del viaje,* Erik Fosnes Hansen, 1990).

¶ "Morgan Kane miró con asco el vaso de leche" (*Død manns skygge* [La sombra de hombre muerto], Louis Masterson, 1972).

Así puedes introducir un texto:

1. Describe un problema que el público conozca. Promete que le presentarás una solución: "A mucha gente le cuesta A, B o C. He aquí la solución".

2. Empieza directamente con una anécdota que venga a cuento: "Y ahí estaba yo, en el camarote de un petrolero en medio del Pacífico. Y las dos líneas me ofrecían una respuesta clara: era una marinera embarazada". Este método se llama *in medias res* y sitúa al público directamente en mitad del discurso o el texto, en la historia que le quieras contar. El florentino Dante Alighieri (1265-1321) empezó *in medias res* su trilogía *Divina comedia* (1308-1321), que no solo creó el estándar de la lengua italiana, sino que además fue un modelo de comunicación para todos los idiomas del mundo. El clásico de Dante comienza así:

A mitad del camino de la vida
yo me encontraba en una selva oscura,
con la senda derecha ya perdida.[48]

---

48. "Infierno", en *Divina comedia,* trad. de Ángel Crespo, Seix Barral, 2004. En italiano: *"Nel mezzo del cammin di nostra vita / mi ritrovai per una selva oscura, / che la diritta via era smarrita"*.

El relato de Dante nos hace visualizar la situación. Enseguida nos imaginamos a esa persona que no es capaz de encontrar su camino en la vida.

3. Busca imágenes que el público sea capaz de entender y que estén relacionadas con lo que quieres expresar. Las imágenes pueden ser sorprendentes, entretenidas y crear nuevos imaginarios en la mente del público. Imagina que estás en una reunión y crees que la organización para la que trabajas ha elegido a los socios equivocados. Tu discurso podría comenzar así:

> En el tren de camino a esta reunión tenía al lado a una mujer que llevaba un anillo muy especial en la mano izquierda. Me dijo que era su anillo de casada. "¿Por qué lo llevas en la mano equivocada?", le pregunté. "Porque me he casado con la persona equivocada", me respondió. Mi pregunta es la siguiente: ¿nos habremos casado nosotros con la persona equivocada? ¿Habremos elegido un ángulo y una estrategia equivocados?

4. Plantea una pregunta retórica, el tipo de pregunta que no necesita respuesta. Cicerón es el autor del primer y más conocido ejemplo de la historia: "¿Hasta cuándo, Catilina, abusarás de nuestra paciencia?" (en latín: "*Quousque tandem, Catilina, abutere patientia nostra?*"). Este método también puede usarse hoy en día: "¿Cómo puede esperar el gobierno que tengamos más hijos cuando las reglas están pensadas para las familias con un padre, una madre y dos hijos?".

5. Plantea una pregunta real. ¿La gente de la sala está a favor o en contra? Pide que levanten la mano. Pídele

al público que actúe. Sesenta millones de personas han visto la charla TED de la psicóloga social Amy Cuddy sobre el lenguaje corporal. Lo primero que hizo fue pedir a las personas del público que cambiaran de postura durante dos minutos y pensaran en lo que acababa de hacer. Más tarde, volvió a ese experimento. Es decir que implicó al público desde el primer momento y después explicó lo que tenía que ver ese cambio de postura con el tema que estaba tratando.

6. Plantea una cuestión fundamental: "Si se mantiene el ritmo actual, tardaremos mil años en tener dinero para una nueva sede social".

EL CUERPO DEL TEXTO

El público ha comprendido que vale la pena escucharte o leerte. Ha llegado el momento de transmitir el cuerpo del texto y acompañar a quien te lee o te escucha punto por punto. Puedes elegir entre muchas formas distintas de organizar el contenido:[49]

¶ *Cronología:* contar la historia de principio a fin es una forma de organizar las ideas que hace que la presentación sea más fácil de seguir.

¶ *Agrupación:* habla o escribe sobre diferentes grupos. Por ejemplo, según una división geográfica, de mayor a menor importancia, de arriba abajo.

---

49. Inspirado por Fletcher Dean, *10 steps to writing a vital speech,* McMurry Inc., 2011.

¶ *Resolución de problemas:* ¡un clásico! Presenta primero el problema y después la solución.

¶ *Listas numeradas:* puedes decir que vas a hablar de tres temas, momentos o elementos distintos. Cada vez que empieces con el siguiente punto, ¡dilo!

¶ *A favor/en contra:* presenta argumentos a favor y en contra de una afirmación.

¶ *Causa y efecto:* así es el mundo. ¿A qué se debe?

Dos modelos con la p como letra inicial pueden ser de ayuda a la hora de presentar una solución:

PPPP 1[50]

¶ Propósito: ¿cuál es el objetivo? ¿Por qué?

¶ Pintar: dibuja una imagen del futuro que deseas y describe la situación del día. ¿Cuál es el problema? Un cuadro que plasma una visión enmarca el mensaje como deseas.

¶ Plan: ¿cuál es el camino que hay que seguir para alcanzar tus objetivos y tu imagen soñada?

¶ Papel: ¿qué papel tiene que desempeñar cada una de las partes?

El modelo armoniza con las características de una comunicación eficaz basada en el liderazgo y apunta a mejoras, objetivos ideales y personas que colaboran.[51]

50. William Bridges, *Managing Transitions,* Nicholas Brealey Publishing, 2009.

51. Deanne N. Den Hartog y Robert M. Verburg, "Charisma and Rhetoric: Communicative Techniques of International Business

¶   Posición: ¿dónde nos encontramos hoy?

¶   Problema: ¿cuál es el problema?

¶   Posibilidad: ¿qué alternativas tenemos?

¶   Propuesta: ¿cuál es la solución?

El método de comunicación de la consultora McKinsey es aún más claro. El SCR (situación, complicación, resolución) tiene tres elementos: 1) ¿cuál es la situación?; 2) ¿qué retos conlleva?; 3) ¿cuáles son las soluciones?

Cuando hayas encontrado el patrón que creas que funciona mejor, divide la materia prima de manera apropiada. En una presentación corta de uno o dos minutos de duración, es difícil abarcar varios puntos. Si tienes más tiempo o espacio, un modelo de tres puntos podría funcionar, y esos tres puntos tienen que estar subordinados al núcleo de la cuestión: el mensaje principal. Cada punto principal puede dividirse en subpuntos. Ya tienes clara cuál es la materia prima, porque la has apuntado en un papel o en un mapa mental. La materia prima se compone en parte de hechos, en parte de ejemplos y anécdotas. Tienes que apelar al cerebro y al corazón, con una mezcla de *logos* y *pathos* que ya te has planteado al rellenar el triángulo retórico.

Leaders", en *Leadership Quarterly*, 1997.

52. Elaine Eksvärd, *Få sagt det! Moderne retorikk for alle*, Spartacus, 2012.

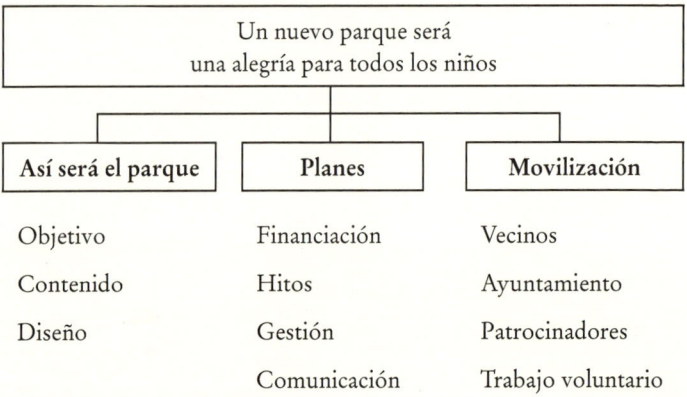

Esquema de una presentación con tres partes principales. Cada una de las tres partes, con sus respectivas subsecciones, la desarrollarás con frases clave, datos, ejemplos, anécdotas y demás contenido.

CONCLUSIÓN

Nunca tendrás una nueva oportunidad de causar una buena última impresión. Por lo tanto, la conclusión es la parte más importante del discurso. La introducción también es importante, pero cuando ya tienes al público de tu parte es necesario que las últimas palabras sean potentes. La mayoría de la gente ha escuchado a oradores expertos que tienen mucho que decir y que han preparado y ensayado bien la introducción y el cuerpo del discurso, pero que fallan en la conclusión: "Sí. Bueno. Esto es lo que tenía en mente. Gracias por su atención". ¿Puede que estuvieran tan ocupados que no tuvieran tiempo de planificar un cierre en condiciones? Este es el motivo por el que conviene planificar el principio y el final antes de ocuparse de los aspectos lingüísticos y de estilo.

El manual anónimo *Retórica a Herenio*, del siglo I a. C., introdujo esta fórmula: hay que resumir, reforzar el mensaje y apelar a la compasión del público. La fórmula sigue vigente, aunque la compasión pueda sustituirse por la emoción.

Tiene que haber una conexión lógica entre el principio y el final. Un método popular consiste en retomar la introducción para concluir. En marzo de 2022, Lise Klaveness, la presidenta de la Federación Noruega de Fútbol, criticó a la Federación Internacional de Fútbol Asociación (FIFA) durante un discurso en Catar. Denunció violaciones de los derechos humanos y discriminación. El discurso llamó la atención, entre otras cosas, por la sensibilidad con la que estaba escrito. Klaveness empieza hablándonos de sí misma, una niña que soñaba con el éxito en la cancha de fútbol y que llevaba una pelota de fútbol naranja a todas partes, todo el día. Ese dato despierta simpatía e interés. Después, Klaveness presenta los hechos antes de pasar a los argumentos. Al final, ata los cabos sueltos del discurso. El círculo se cierra. Retoma la imagen de la niña con el balón naranja. La niña ya es mayor. Mucha gente le pregunta cómo es trabajar en el mundo del fútbol, tan dominado por los hombres. Klaveness responde: "No trabajo en un mundo de hombres. El fútbol es de todas las niñas y niños del mundo".

¡Golazo al ángulo!

Este mismo método lo utilizó Maud Angelica Behn, que entonces tenía 16 años, en el discurso que dio en el funeral de su padre en 2021. Maud Angelica es la nieta mayor de los reyes de Noruega. Al principio, colocó un dibujo enmarcado de su padre, Ari Behn, sobre el féretro. Era el regalo de Navidad que nunca pudo darle.

"Iba a regalarte este dibujo en Navidad. Mientras lo hacía, pensaba en lo mucho que te quiero y en las ganas que tenía de ver tu reacción", dijo Maud Angelica Behn.

Cuando terminó el discurso, volvió al dibujo. El final se engancha al principio. Es un discurso redondo.

El discurso de Maud Angelica fue recibido con vítores, entre otras cosas porque aprovechó la ocasión para dirigirse a aquellas personas que sufren. "Busquen ayuda, la hay", fue su mensaje.

El cierre es el momento de reforzar y enfatizar cuál debería ser el siguiente paso. Si quieres que tu público piense o haga algo al salir de la sala o al terminar de leer tu correo electrónico, tienes que indicárselo: incluye una llamada a la acción. ¿Quieres que quien te escucha o te lee se haga miembro de una asociación? ¡Dilo! ¿Quieres pedir a tus compañeros de trabajo que envíen una propuesta? Pídeles que lo hagan y explícales cómo y cuándo tienen que hacerlo. ¿Quieres que el público te pida más información? Díselo y explícale claramente cómo. Si te has expresado bien durante el resto de tu exposición oral o escrita, la llamada a la acción del final debería ser una consecuencia lógica.

Algunos cierres de discursos…

El dictador italiano Benito Mussolini cuando declaró la guerra a Gran Bretaña y Francia desde el Palazzo Venezia en Roma, en 1940: "Pueblo italiano, corre a las armas y demuestra tu tenacidad, tu ánimo, tu valor".

Malala Yousafzai abrió su discurso en la Organización de las Naciones Unidas (ONU) con prudencia y lo concluyó con contundencia: "Una niña, una maestra, un bolígrafo y un libro pueden cambiar el mundo. La educación es la única solución. La educación es lo primero".

Greta Thunberg habló claro de principio a fin: "No dejaremos que se salgan con la suya. Aquí y ahora es donde trazamos el límite. El mundo se está despertando y el cambio está llegando, les guste o no".

El 19 de noviembre de 1863, el presidente de Estados Unidos Abraham Lincoln dio un discurso en Gettysburg. El discurso está considerado como uno de los mejores de todos los tiempos, y concluye con una llamada a la acción. Habla del trabajo que no se había llevado a cabo y termina así: "Que resolvamos firmemente que estos muertos no han dado su vida en vano. Que esta nación, Dios mediante, tendrá un nuevo nacimiento de libertad. Y que el gobierno del pueblo, por el pueblo y para el pueblo, no desaparecerá de la faz de la Tierra".[53]

El discurso duró dos minutos escasos, pero el presidente dijo mucho con sus 272 palabras. Lincoln también utilizó recursos retóricos de los que hablaremos en el capítulo titulado "*Elocutio:* dilo con sencillez, pero con estilo". Expuso conceptos opuestos (muerte/renacimiento) y cerró su discurso aplicando la magia del número tres: "Del pueblo, por el pueblo y para el pueblo".

---

53. "*That we here highly resolve that these dead shall not have died in vain, that this nation, under God, shall have a new birth of freedom – and that the government of the people, by the people, for the people shall not perish from the earth*".

TRANSICIONES: COHERENCIA Y PROGRESIÓN

El público tiene que entender cuándo terminas un punto y pasas a algo nuevo. Tienes que señalar las transiciones para que quien te escucha o te lee siga por dónde vas. Cuando la gente te escucha en directo, no puede retroceder para oír tus palabras de nuevo, y por eso las transiciones son especialmente importantes en un discurso oral.

Independiente de cómo organices una presentación oral, un patrón puede ser el siguiente: di lo que vas a decir; dilo; di lo que has dicho. Cuando termines un punto importante, resume lo que has dicho y di lo que está por venir. Nadie debería preguntarse por qué parte de una sucesión de ideas has pasado, dónde te encuentras y hacia dónde te diriges: "Primero he hablado de los piojos de mar. Ahora estoy en el segundo punto de la charla: el peligro de muerte que suponen para los salmones".

Los nexos también muestran transiciones:

¶ Explicaciones y profundización: por ejemplo, para ilustrar esto, además, asimismo, y.

¶ Causa y efecto: por eso, porque, entonces, como resultado de, como consecuencia, por lo tanto.

¶ Parecidos y diferencias: de la misma manera, al igual que, al contrario que, a diferencia de, por otro lado, por el contrario, al revés, comparado con, pero.

¶ Sucesión: en primer lugar, después, entonces, lo siguiente, más tarde, a continuación, más adelante.

¶ Resultado: por eso, porque, como resultado, como consecuencia.

¶ Resumen: finalmente, para concluir, al final, en resumen.

Elocutio: dilo con sencillez, pero con estilo

¡U N PRESIDENTE QUE HABLA ruso como es debido! Vladímir Putin domina el idioma, y el público de su lugar de origen lo celebra. Puede que no nos guste, pero desde el punto de vista lingüístico el presidente de Rusia destaca. Sus discursos tienen una estructura sintáctica clara y elige palabras precisas, muchas de las cuales formula a modo de eslóganes fáciles de recordar.[54]

Putin también se vale de recursos retóricos: "Inmediatamente intentaron darnos el golpe de gracia, acabar con nosotros y destruirnos por completo", dijo en un discurso del 24 de febrero de 2022, usando la regla del tres (el tricolon). En el mismo discurso, también planteó preguntas retóricas, es decir, hizo preguntas para las que no esperaba ninguna respuesta, es más, él mismo las respondió de inmediato. En este discurso, Vladímir Putin se comunica de manera eficiente con un público ruso: habla

---

54. John Zimmer, "Analysis of a Speech by Vladimir Putin–Manner of speaking", en *Mannerofspeaking.org*, 26 de febrero de 2022.

con corrección, de manera clara, elegante y adecuada al analizar la situación, al público y el papel que él mismo desempeña. Además, al hablar de la creciente presencia de la Organización del Tratado del Atlántico Norte (OTAN) en las fronteras de Rusia, apela a las emociones de sus receptores. Habla despacio, da importancia a las palabras clave, hace numerosas pausas, lo que aporta seriedad y peso a su discurso, y mantiene en todo momento el contacto visual con el público.

Es difícil saber si el filósofo francés Blaise Pascal (1623-1662) habría estado satisfecho con el discurso de Putin, pero Putin hace lo que Pascal describe: adecúa el discurso al mundo, la vida y los sentimientos del público. Pascal también era físico y matemático. No obstante, creía que, aunque a las personas se las puede convencer con pruebas lógicas, un lenguaje sugerente que apele a las emociones resulta aún más atractivo. En su libro *Pensamientos,* escribe que el arte de la persuasión consiste en pronunciar un discurso de tal manera que el público escuche con deleite y con tal interés que su ensimismamiento lo lleve a reflexionar con benevolencia sobre lo que el orador le está presentando.

¿Habría asentido con entusiasmo Teofrasto (371-286 a. C.) al escuchar el discurso de Putin mil novecientos años antes que Pascal? Putin sigue la fórmula de los griegos. Quien habla o escribe ha de utilizar un lenguaje gramatical y ortográficamente correcto, exponer el tema con claridad, utilizar herramientas estilísticas y comunicar de una manera adecuada al tiempo y el espacio, las circunstancias, el tema y el público. Es decir: el discurso tiene que ser correcto, claro, adecuado y elegante. Más adelante llegó una quinta regla: tacha lo innecesario.

PURITAS: CORRECCIÓN

Cuando transmites un texto en un contexto profesional, el lenguaje tiene que ser gramaticalmente correcto. Las frases tienen que estar compuestas de la misma manera en la que nuestra comunidad lingüística ha hablado y se ha expresado hasta la fecha. En la comunicación escrita, el uso correcto del lenguaje es obligatorio, mientras que en la comunicación oral existen situaciones en las que resulta apropiado desviarse de las normas. En las sociedades igualitarias y abiertas a las distintas variedades lingüísticas y dialectales, se acepta una oralidad que permita la comunicación con palabras, inflexiones y estructuras sintácticas que se desvían de lo que se considera "lo correcto". Las exigencias de una lengua estándar deben sopesarse con lo que resulta apropiado. En la mayoría de los contextos, una variante lingüística que se desvíe de la norma pero que resulte comprensible no solo resulta aceptable, sino que además se valora.

PERSPECUITAS: CLARIDAD

Si quieres llegar a tu público, tienes que elegir palabras sencillas que los receptores conozcan y tienes que combinarlas para construir frases que estos comprendan. Los líderes competentes se esfuerzan por comunicarse de tal manera que hasta un niño de 12 años pueda entender lo que dicen, tanto de forma oral como escrita: prefieren las palabras cortas a las largas, escriben frases breves, usan oraciones activas. Hay que darle al público la oportunidad de usar toda su energía cerebral para comprender el mensaje en profundidad en lugar de emplear sus fuerzas en discernir lo que significan todas esas palabras, abreviaturas y frases larguísimas. El ganador del Premio Nobel Daniel Kahneman da un consejo similar: "Reduce la carga cognitiva, utiliza un lenguaje sencillo. Así resultarás más persuasivo". En el capítulo "Escribe para que tus palabras lleguen al público", se ofrecen varios consejos para expresarnos de una manera que consiga transmitir bien el mensaje.

APTUM: ADECUACIÓN

El autor anónimo de *Retórica a Herenio* nos enseñó tres estilos: elevado, medio y simple. El estilo que elijamos depende del emisor, el contexto, el objetivo y el público. Se trata de encontrar el punto perfecto de la escala que va de formal a informal y de personal a impersonal.

Cuando Teofrasto nos pide que nos expresemos de forma adecuada, podemos interpretarlo como un aviso contra un exceso de florituras. Quintiliano nos invita a usar el lenguaje de manera virtuosa; en ningún otro aspecto de la retórica la brecha entre el éxito y el fracaso es tan grande como en la ornamentación. Aristóteles estaba de acuerdo: tanto en el arte como en la cocina, el uso de los condimentos ha de ser moderado. Si pasamos por alto estos consejos, resultaremos tan artificiales y pomposos como los pavos reales cuando despliegan la cola. No es que no podamos reforzar el mensaje que queremos transmitir, pero hay que tener cuidado para que el público no piense que nuestras palabras son demasiado grandilocuentes para la ocasión. Martin Luther King Jr. dio el discurso más imponente y eficaz de la historia: "*I have a dream*", que se conoce como la quinta sinfonía de Beethoven de los discursos. Puede resultar tentador recurrir a la frase de Luther King para pedir que nos paguen las horas extra, para conseguir una nueva cocina para nuestra sede social o para captar a nuestro cliente ideal. Pero no va a funcionar. Sería bochornoso, poco elegante y estaría fuera de lugar comparar nuestros sueños cotidianos con el que el pastor bautista expresó en Washington DC el 28 de agosto de 1963. Y, en la misma línea, el *"Yes, we can"* le funcionó al presidente Barack Obama, pero ese eslogan ya está muy visto. ¡Piensa algo mejor!

En latín, la palabra *"aptum"* significa apto, adecuado, pero también está *decorum,* que significa decoro o decencia. La exigencia de adecuación también señala con el dedo al lenguaje y el estilo que podrían resultar ofensivos para el público. La sociedad es cada vez más diversa, así que ten cuidado de no decir palabras hirientes ni recurrir al humor o el sarcasmo sobre otras personas.

ORNATUS: ELEGANCIA, ORDEN Y ORNAMENTACIÓN

"Danos hoy nuestro pan de cada día", dice el padrenuestro, pero con ello se refiere a algo más que una hogaza, un bollo o un pan de centeno. En su *Catecismo,* Lutero explicó que con nuestro pan de cada día lo que queremos decir es comida y ropa, una casa y un hogar, trabajo y salud, buenos vecinos y amigos fieles, un buen gobierno y paz en el mundo. Cuando el autor del padrenuestro pedía nuestro pan de cada día, en realidad estaba haciendo uso de una figura retórica, que Quintiliano define como la transformación de una expresión siguiendo unas reglas determinadas. Las figuras retóricas consisten, pues, en decir algo de una manera distinta a la habitual, que pueda ser creativa, para conseguir un efecto, y "danos hoy nuestro pan de cada día" es un ejemplo de la reina de las figuras retóricas: la metáfora, la imagen lingüística. Si se utiliza con moderación, la metáfora puede explicar, ilustrar y expresar emociones, mientras da vida al discurso y le otorga la variedad necesaria.

El término "figura", en su forma griega original (σχῆμα), viene de las múltiples y variadas formas en que los actores utilizan el cuerpo. Usar figuras retóricas es hacer teatro con las palabras.

A lo largo de la Antigüedad, las figuras dominaron la retórica. Las figuras retóricas se ordenaban a través de numerosas categorías, que a su vez podían dividirse en subcategorías. Durante mucho tiempo, la retórica se centró principalmente en el embellecimiento lingüístico, lo que dio pie a críticas que la tachaban de superficial. La propia retórica se defiende argumentando que se trata más que nada de un método que abarca todo el método de trabajo, no solo el lenguaje y el estilo, sino que también consiste en comunicar de tal manera que el receptor siga el ritmo, perciba y comprenda el mensaje y se deje enseñar, complacer y conmover. Y que recuerde algunos de tus argumentos cuando salga de la sala o cierre el navegador después de leer tu correo electrónico. Un lenguaje bien trabajado con fluidez y dinamismo, formulaciones atractivas y bellas imágenes lingüísticas es una fuerza estética que resulta muy persuasiva. El lenguaje y el estilo refuerzan el contenido sólido y la estructura bien pensada del discurso. El estilo es algo más que maquillaje. Las palabras que eliges y combinas y tu manera de encuadrar el tema guían al público en la dirección que desees y hacen que tu mensaje resulte claro y memorable.

El lenguaje original de la retórica denomina los requisitos de elegancia *ornatus* (decoración u ornamentación en latín) y *kosmos* (orden y adorno en griego), y es precisamente orden, adorno y ornamentación lo que irradian los textos elegantes que resultan persuasivos. Si el padrenuestro se hubiera formulado de la siguiente manera, no lo recordaríamos tan bien: "Danos hoy una barra de pan, medias calientes, una espalda que no nos duela, vecinos y amigos a quienes les vaya bien y un planeta en el que la gente se pelee menos".

Queremos escribir con un estilo colorido, fresco y vibrante. Para conseguirlo, tenemos que elegir y variar las palabras y tejerlas unas con otras para construir frases que suenen bien y que guíen al público de un argumento al siguiente. También puedes utilizar figuras retóricas, lo que a continuación llamamos recursos retóricos.

ELEGIR LAS PALABRAS

Busca palabras con fuerza y deja que los verbos hagan su trabajo. Elige palabras que digan exactamente lo que tienes pensado decir, palabras que el público conozca y que suenen bien y sean fáciles de pronunciar. Cuando hablamos de Edvard Munch en noruego, pero solo en ese caso, no tenemos más remedio que usar la palabra noruega que más consonantes consecutivas tiene (¡siete, nada menos!): "*angstskrik*", el famoso grito. Evita también palabras como "oportunidad", "enfoque", "robusto" y "proactivo"; todas ellas son lugares comunes prácticamente vacíos de contenido. Usa palabras con fuerza y habla en presente. Sucede aquí. ¡Y ahora!

El humanista neerlandés Erasmo de Róterdam (1466-1536) fue el principal retórico del Renacimiento. Sus tratados *De copia* eran un manual sobre comunicación que Erasmo completó después de muchos años de trabajo para la inauguración de la St. Paul's School en Londres en 1512. El libro recibió su nombre en honor de la diosa romana Copia, fuente de riqueza, fertilidad y todos los buenos dones, y lo que pretendía Erasmo era estimular a la juventud hacia la riqueza: ¡la riqueza lingüística! ¿Por qué? Erasmo decía que por muy brillante que sea nuestra comunicación, puede que no surta efecto si usamos un lenguaje monótono. Pero hay una solución sencilla: aprender a expresar una idea o un pensamiento de muchas maneras distintas.[55] Y es bueno practicar, dijo Erasmo, y presentó varios ejercicios en *De copia*, donde mostró que pueden hacerse 150 variaciones de la frase latina "*tuae literae me magnopere delectarunt*". Algunas posibilidades:

¶ Con preposiciones: "La carta que he recibido desde tu casa ha despertado una enorme alegría en mí". "Tu carta me ha alegrado de una manera extraordinaria".

¶ Con adjetivos: "Tu inigualable carta me ha dado una gran alegría".

¶ Con sinónimos: "Tu epístola me ha dado una gran alegría".

¶ Con una frase: "Las palabras de tu pluma me han dado una gran alegría".

¶ Con una oración completa: "Las palabras que has escrito me han dado una gran alegría". "La carta que me has enviado me ha causado un sentimiento de alegría".

¶ Con una metáfora: "Tus perlas de sabiduría me han dado una gran alegría". "Tu carta me ha henchido de felicidad".

---

55. Herbert David Rix, "The Editions of Erasmus' 'De Copia'", en *Studies in Philology*, vol. 43, núm. 4, U. of North Carolina Press, 1946.

¶ Con una exclamación: "¡Qué emoción me ha causado tu carta!".

¶ Con una negación: "Tu carta no me ha disgustado de ninguna manera".

Y así podríamos seguir. Así podrías seguir, ya sea con el ejercicio de Erasmo de 1512 o con las siguientes frases que tengas pensado escribir. Cada vez que buscamos una nueva manera de formular algo, ampliamos nuestro repertorio y mejoramos nuestra capacidad de encontrar y utilizar distintas formas de expresarnos. Y desarrollamos una sensibilidad estilística: ¿qué frase puede encajar bien aquí, en este contexto, para este público? Porque, como dijo Blaise Pascal hace casi cuatrocientos años: "Las palabras diversamente ordenadas constituyen diversos sentidos, y los sentidos diversamente ordenados producen diferentes efectos".

Si conseguimos encajar cada pieza en su sitio, la comunicación también satisfará los requisitos de Quintiliano, que dice que la elocuencia es como un arpa: el resultado solo es perfecto si todas las cuerdas, de las más agudas a las más graves, están afinadas y suenan bien.

EL RITMO

En su libro *Om konsten att läsa och skriva* [El arte de leer y escribir], el escritor sueco Olof Lagercrantz dice lo siguiente: "Lo que importa es el ritmo. Una organización interna de difícil acceso. Un soplo de lenguaje".[56]

56. Olof Lagercrantz, *Om konsten att läsa och skriva*, Wahlström & Widstrand, 1985.

La regla de oro es: escribe frases cortas. Así no te arriesgas a enredarte con frases ilógicas y descontextualizadas. Si usas subordinadas con pronombre relativo, ya sea al hablar o al escribir, puedes tener claro que vas a confundir también a tus receptores. Usa los puntos a menudo. Di una cosa. Luego otra.

Por otra parte, un texto compuesto exclusivamente de frases cortas tiene un ritmo *staccato* que lo hace difícil de leer y de escuchar. Por eso conviene que varíes la longitud de las frases. El profesor de escritura estadounidense Gary Provost demostró lo que ocurre si al escribir un texto variamos la longitud de las frases:[57]

> Esta frase tiene cinco palabras. Aquí tienes cinco palabras más. Estas frases no son malas. Pero al final resultan monótonas. Escucha lo que está pasando. El texto se vuelve aburrido. Suena casi como un zumbido. Es como un disco rayado. El oído te pide variación. Escucha ahora. Varío la longitud de las frases y hago música. Música. El texto canta. Tiene un ritmo agradable, una cadencia, una armonía. Uso frases cortas. Y uso frases de longitud media. Y a veces, cuando estoy seguro de que el lector ha descansado, le doy una frase de longitud considerable, una frase que arde de energía y crece con todo el ímpetu de un *crescendo*, el redoble de los tambores, el estallido de los platillos…. sonidos que dicen: escucha esto, es importante.
>
> Así que escribe combinando frases cortas, medianas y largas. Crea un sonido que resulte agradable al oído del lector. No escribas solo palabras. Escribe música.

57. Hos Roy Peter Clark, *Writing Tools. 50 Essential Strategies For Every Writer*, Little, Brown and Company, 2006.

LOS RECURSOS RETÓRICOS

La película *El cartero,* de 1994, cuyo título original es *Il postino,* cuenta la historia del escritor chileno Pablo Neruda y el cartero que le trae en su bici las cartas de sus admiradores de todo el mundo. El cartero está fascinado y un día le pregunta:

—¿Qué es una metáfora?

—Cuando hablas de algo y lo comparas con otra cosa —responde Neruda.

—¿Por ejemplo?

—El cielo llora. ¿Qué quiere decir?

—¡Que está lloviendo! Pero ¿por qué usar un nombre tan complicado para algo tan sencillo?

En términos técnicos, las figuras retóricas implican jugar con las palabras y su orden, mientras que los tropos alteran su significado. Aquí combinamos ambos fenómenos en uno solo: los recursos retóricos. Estos recursos tienen múltiples propósitos:

¶ Dotan al texto oral o escrito de energía, ritmo y variación.

¶ Captan la atención del público y facilitan la comprensión.

¶ Destacan lo más importante.

¶ Embellecen la presentación.

En la Antigüedad, se utilizaban desde veinte hasta varios cientos de recursos retóricos, pero en el Renacimiento un tipo muy diligente llegó a contar hasta cinco mil.

Aunque los más destacables de todos ya los hemos tratado al principio, a continuación hablaremos de un par de los más importantes: el mágico número tres y la metáfora.

LA REINA DE LAS FIGURAS RETÓRICAS: LA METÁFORA

El alcalde niega con la cabeza ante las protestas desde el público, pero está decidido a seguir adelante. Luego dice: "Los perros ladran, pero la caravana avanza". No había perros en la sala del concejo, como tampoco había ninguna aguja en la situación que describía Mijaíl Bulgákov cuando hablaba de "la aguja que le oprimía el corazón". Y el escritor Nils Magne Knutsen no se refiere a la medicina cuando escribe que "hizo que un asmático respirara mejor".

Una metáfora (la reina de las figuras retóricas) es una palabra o expresión que se utiliza en sentido figurado, a menudo mediante la descripción de algo abstracto a través de una imagen concreta. Aristóteles creía que quien domina las metáforas posee la mayor habilidad en materia retórica, ya que es principalmente la metáfora la que hace que el discurso sea claro, atractivo y especial. Los filósofos George Lakoff y Mark Johnson dicen que las metáforas son mucho más que un dispositivo lingüístico. Pensamos con metáforas y con ellas facilitamos la comprensión de un texto, generamos asociaciones y dibujamos la realidad: ¿el tiempo es dinero o el tiempo es un río?[58]

Shakespeare escribió una de las metáforas más conocidas de la historia: "El mundo es un escenario y todos los hombres y mujeres, meros actores".[59] Robert Burns

58. George Lakoff, "Conceptual Metaphor in Everyday Language", en *The Journal of Philosophy*, 1980.

59. *"All the world's a stage, And all the men and women merely players"*.

tampoco lo hacía nada mal: "Oh, mi amor es como una rosa roja, roja, recién brotada en junio".[60] Karl Marx también dominaba este recurso. Con solo siete palabras hizo una crítica inmortal a la religión: "La religión es el opio del pueblo". En la literatura de Jorge Luis Borges, los espejos y laberintos representan la infinitud y los universos de la vida. Cuando el gobierno noruego comenzó a preparar los presupuestos después de la guerra, las cifras eran difíciles de comprender. El ministro de Finanzas, Erik Brofoss, explicó cada partida presupuestaria no en coronas, sino en ladrillos.

El antiguo papa también dominaba la retórica. Lo primero que hizo el papa argentino Jorge Mario Bergoglio en su mandato fue adoptar el nombre de Francisco de Asís, que hablaba de una renovación de los ideales cristianos. La elección del nombre fue un acto simbólico, y el papa Francisco también renovó la retórica del Vaticano. Escribía y hablaba con sencillez y todo el mundo lo entendía. Le gustaba elegir anécdotas cotidianas y de la cultura popular y utilizaba metáforas que resultaban fáciles de comprender:[61]

> En la Iglesia de Jesús, las piedras vivas somos nosotros, y Jesús nos pide que edifiquemos su Iglesia; cada uno de nosotros es una piedra viva, un pedacito de la construcción. Cada pedacito vivo tiene que cuidar la unidad y la seguridad de la Iglesia. Y no construir una pequeña capilla donde solo quepa un grupito de personas. Jesús

60. "*O my love is like a red, red rose, freshly sprung out in June*".

61. Peter Gonsalves, "Metaphors pope Francis lives by", en *Vidyajyoti Journal of Theological Reflection*, vol. 79, núm. 6, junio de 2015; Dario Edoardo Viganò, *Fratelli e sorelle, buonasera. Papa Francesco e la comunicazione*, Carrocci editore, 2016.

nos pide que su Iglesia sea tan grande que pueda alojar a toda la humanidad, que sea la casa de todos.

En estas líneas, el papa muestra cómo quiere que percibamos la Iglesia. Lo hace con siete metáforas (¡cuéntalas!). La técnica pone énfasis en el punto de vista. Las capas y capas de metáforas nos ayudan a comprender ideas complejas, como la idea de la Iglesia, en este caso.

Muchas metáforas las usamos sin pensar ("la silla tiene cuatro patas"). Estas metáforas no hacen daño a nadie, pero tampoco nos dan nada extraordinario. Algunas metáforas se reducen a clichés. Entonces se vacían de contenido y, en lugar de crear las imágenes que el orador pretende despertar en la mente del público, nos pueden aburrir e irritar: "Trabajar con ustedes ha sido un viaje increíble".

La esquiadora Heidi Weng dijo que tenía que "postrarse en el sombrero" ante otra esquiadora. Esta mezcla de dos frases hechas ("postrarse a los pies de alguien" / "quitarse el sombrero") fue involuntaria y cautivadora, pero en general hay que tener cuidado para no mezclar imágenes o crear ideas desafortunadas en quienes nos leen o escuchan ("quien con niños se acuesta tiene mil años de perdón").

Una vez me enseñaron que no hay que exagerar con las metáforas y que conviene huir de los lugares comunes. Si quieres recurrir a alguna imagen lingüística, toma aire primero. Digamos que quieres elogiar el informe que ha hecho un compañero de trabajo. Quieres decirle que es brillante. Pero ¿como qué? ¿Brilla, tal vez, como el suelo de un salón de baile, como los ojos de un niño de 5 años en Nochebuena o como los de la pobre viuda que acaba de ganar la lotería? Dedicar unos segundos a crear imágenes lingüísticas nuevas es un gasto de energía bien aprovechado.

EL MÁGICO NÚMERO TRES

¿Has oído hablar de los tres mosqueteros? ¿Y de los tres cerditos? ¿Y de la fe, la esperanza y el amor?

El tres es un número mágico. Por eso, en este apartado trataremos la figura retórica del tricolon, una serie de tres palabras, frases u oraciones paralelas en ritmo, estructura o longitud.

Si el tricolon fuera una planta, diríamos que pertenece a la familia de las colonáceas. En *Retórica a Herenio* se explica así: el punto de partida es la figura estilística del colon, que es una oración corta que no expresa la idea completa, por ejemplo: "Por un lado, ayudaste a tu enemigo". Esta oración debe complementarse: "Y por otro lado, perjudicaste a tu amigo". En *Retórica a Herenio* se dice que el recurso funciona mejor si tiene tres partes, formando así un tricolon: "Ayudaste a tu enemigo, perjudicaste a tu amigo y no pensaste en lo que te convenía".

El filósofo P. A. Florensky explica la fascinación por el número tres de la siguiente manera: "En todo lo que vive y existe, los fenómenos ocurren de tres en tres; por lo tanto, el número tres es la propiedad más general del ser". Con ello se refiere a las tres categorías de tiempo (pasado, presente, futuro) y a las tres personas gramaticales (yo, tú, él/ella).[62] Las listas de tres elementos transmiten plenitud, pero, al mismo tiempo, no resultan demasiado largas. Y tu público

---

62. Pavel Florensky, *The Pillar and Ground of the Truth*, trad. al inglés de Boris Jakim, Princeton University Press, 2004, p. 421.

es capaz de recordar tres puntos, por eso puede resultar conveniente dividir el texto o el discurso en tres partes.

Infierno, purgatorio y paraíso; ya lo dice la expresión: no hay dos sin tres, lo que confirma el poder de ese último número. Y bien lo sabía Dante Alighieri hace setecientos años. Ya hemos hablado de él en este libro, pero podemos volver a recurrir a él para inspirarnos y justificar el uso de la magia del número tres. La *Divina comedia* se desarrolla durante los tres días de Pascua. La obra está dividida en tres partes. Cada una de esas partes cuenta con treinta y tres estrofas y cada estrofa tiene tres versos. Nos encontramos tres animales, tres troyanos, tres furias, un monstruo de tres cabezas, tres vírgenes y las tres santas virtudes: la fe, la esperanza y el amor.

Yes, we can: durante sus ocho años en la presidencia de Estados Unidos, Barack Obama rara vez pronunció un discurso sin usar el tricolon. En su último discurso como presidente en 2017, dijo lo siguiente: "Ustedes creen en unos Estados Unidos justos, equitativos e inclusivos. Después de todo, seguimos siendo la nación más rica, más poderosa y más respetada del mundo".[63]

En la cita de abajo usa varias palabras en la última frase. ¡Más fuerza!

A Obama también le gusta combinar el tricolon con la anáfora, la repetición de la palabra inicial que se explica más adelante: "En los últimos ocho años hemos reducido a la mitad nuestra dependencia del petróleo extranjero, hemos doblado nuestras energías renovables,

---

63. *"You believe in a fair, just, and inclusive America. We remain the wealthiest, the most powerful, the most respected nation on earth".*

hemos liderado al mundo hacia un acuerdo que promete salvar este planeta".[64]

El tricolon se ha utilizado durante miles de años. Ahí está la famosa reseña del viaje de Julio César, que además de un tricolon es una aliteración: "*Veni, vidi, vici*". El exministro noruego de Educación Gudmund Hernes también hizo uso de este recurso cuando nombró a Rosemarie Køhn primera obispa del país en 1993: "Ya es hora, ha llegado el momento, la decisión ya está tomada". El papa Francisco también creía en la magia del número tres: "Si queremos seguridad, creemos seguridad; si queremos vida, démonos vida; si queremos oportunidades, démonos oportunidades". El papa Francisco decía que la regla de los tres puntos, ideas y temas la aprendió de los jesuitas.

"Alto, claro y elegante" (en noruego "*lydelig, tydelig og prydelig*") también es un tricolon. Lo ideó el director de la escuela Lyder Sagen hace doscientos años como lema para cuando tengamos que hablar en público.

REPETIR PALABRAS, FRASES, CLÁUSULAS Y ESTRUCTURAS

Aliteración: ¡la aliteración alegra! Halldis Moren Vesaas escribió en el poema "Tung tids tale" [Tratado de tiempos turbulentos]: "Sus reflexiones rodaban con reserva mientras corría por el bosque". El discurso de la poeta Amanda Gorman en la toma de posesión del presidente Joe Biden en 2021 estaba plagado de recursos retóricos, pero en su título original, "The Hill We Climb", a diferencia de en su

---

64. "*In just eight years we've halved our dependence on foreign oil, we've doubled our renewable energy, we've lead the world to an agreement that has the promise to save this planet*".

traducción al noruego, *Bergen vi bestiger*, no había aliteración alguna. Ole Martin Nygård, líder del consejo juvenil de Noruega, explica lo que debe ofrecer un municipio para que los jóvenes quieran quedarse: "Recuerdos, cooperación, oportunidades" o, de una forma más rebuscada que mantiene la aliteración que sí se da en noruego (*"minner, medvirkning, muligheter"*): "Memoria, mutualidad, medios".

Anáfora: las frases comienzan con la misma palabra. Las anáforas destacan el mensaje para llamar la atención de los receptores y conseguir que lo retengan mejor. A menudo van de lo menos a lo más importante, hasta llegar a un clímax: "No es vacunas en vez de mascarillas. No es vacunas en vez de distancia social. No es vacunas en vez de ventilación e higiene de manos. Háganlo todo. Háganlo con constancia. Háganlo bien". Lo dijo el director de la oms, Tedros Adhanom Ghebreyesus, en 2021.[65]

Anadiplosis: la oración empieza con la misma palabra con la que terminó la anterior. "La novia debe saber que el novio es un caballo de tiro. Un caballo de tiro resultar práctico en casa". "Siempre me han gustado las mandarinas. Las mandarinas recuerdan a la Navidad".

Retruécano: palabras repetidas, pero en orden inverso. Del discurso inaugural de John F. Kennedy:

---

65. *"It's not vaccines instead of masks. It's not vaccines instead of distancing. It's not vaccines instead of ventilation and hand hygiene. Do it all. Do it consistently. Do it well".*

"Nunca negociemos por temor, pero nunca temamos negociar".[66]

Expolición: repetición de una misma palabra, de palabras distintas y, a menudo, también de gestos y uso de la voz. El objetivo es resaltar la idea más importante del discurso.

Quiasmo: las cláusulas se repiten en orden inverso. "Así, los que ahora son los primeros serán los últimos, y los que ahora son los últimos serán los primeros" (Mateo 20, 16). "Se trata de dar y recibir. Yo recibo. Tú das".

Pleonasmo: se añaden palabras que expresan lo que ya se ha dicho. Los pleonasmos pueden usarse estilísticamente para enfatizar una idea, pero también pueden tratarse de un error lingüístico: "El jinete cabalgaba encabalgado encima del caballo".

Paralelismo: algunas partes de una frase se expresan de la misma manera para mostrar que van juntas y para dotar al discurso de ritmo y equilibrio. "La presentación precisa de una planificación minuciosa, una práctica extensa y una presencia fuerte".

AMPLIAR O DISMINUIR

Amplificatio: consiste en hacer algo más grande de lo que en realidad es. Su contrario, *diminutio,* es hacer algo más pequeño de lo que es: "Permítanme pedirles que alcen los ojos por encima de los peligros de hoy

---

66. *"Let us never negotiate out of fear, but let us never fear to negotiate".*

y hacia la esperanza de mañana. Más allá de la libertad de esta ciudad, Berlín, o de su país, Alemania, hacia el avance de la libertad en todos el mundo. Más allá del muro, hacia la paz con justicia. Más allá de ustedes o nosotros, hacia toda la humanidad".[67] Lo dijo John F. Kennedy en *Ich bin ein Berliner* [Soy berlinés], 1963.

Enumeratio: enumerar partes o detalles para que una idea sea más clara y contundente. En palabras del director de la OMS Tedros Adhanom Ghebreyesus: "Estamos recibiendo informes de muchos países sobre la escasez de camas, la falta de suministros, trabajadores sanitarios agotados y hospitales que aplazan otras tareas importantes".[68]

Epanortosis: consiste en "corregirse" repitiendo una palabra con más énfasis que la primera vez. "Me resulta reprobable... no, peor aún que reprobable...".

Eufemismo: consiste en utilizar una expresión más amable en lugar de lo que se quiere decir. El gerente de una empresa, por ejemplo, habla de reorganización cuando quiere decir despidos. Si crees que alguien ha mentido, puedes decir con mucha educación que esa persona tiene una memoria selectiva según sean sus intereses.

---

67. "*So let me ask you as I close, to lift your eyes beyond the dangers of today, to the hopes of tomorrow, beyond the freedom merely of this city of Berlin, or your country of Germany, to the advance of freedom everywhere, beyond the wall to the day of peace with justice, beyond yourselves and ourselves to all mankind*".

68. "*We hear reports from many countries about lack of beds, lack of supplies, overwhelmed health workers, and hospitals deferring other needed procedures*".

Sinécdoque: los términos tienen un significado más amplio o más restringido que el habitual. Cuando Lutero dice que "nuestro pan de cada día" es mucho más que su significado literal, usa la sinécdoque. También es una sinécdoque decir que un romano ganó la batalla, cuando no fue uno, sino muchos los romanos quienes vencieron. Cicerón escribió lo siguiente en una carta a Bruto: "Hemos impresionado al pueblo con nuestra oratoria". Por supuesto, solo se refería a sí mismo. Así, Cicerón se añade a la lista de personas que hablan de sí mismas en primera persona del plural: reyes, periodistas y personas con parásitos en el estómago.

COMPARAR

Alegoría: representación que puede entenderse en un sentido distinto al literal, como la versión ampliada de una metáfora. En el primer verso de la *Divina comedia,* Dante Alighieri habla de perderse en una selva oscura y no saber qué camino seguir, pero no está hablando de un paseo por la selva, sino de la propia vida, y en ese momento se dirige al infierno. De la misma forma, en *Rebelión en la granja,* George Orwell no habla de la vida de los animales, sino de los regímenes totalitarios.

Alusión: el orador se refiere a otro texto, suceso, persona o lugar conocido. Zelenski, el presidente de Ucrania, hace alusiones cuando menciona las referencias comunes de cada país con Ucrania en discursos ante distintos parlamentos de todo el mundo.

Analogía: una comparación en la que el emisor opina que dos casos son paralelos. En 1969, Henry Kissinger escribió una nota al presidente Nixon sobre la guerra de Vietnam: "Retirar las tropas sería como dar al pueblo americano cacahuetes salados y pretender que no se los acabe: cuantos más soldados regresen a casa, más pedirá el pueblo que regresen". Kissinger utilizó una analogía, dijo que algo así había sucedido en una situación similar. El papa Francisco sorprendió a los fieles cuando dijo en un discurso que "el poder es como beber ginebra con el estómago vacío".

Contraste (antítesis): parejas de contrarios. La *Retórica a Herenio* da este ejemplo: "Cuando todos están tranquilos, tú estás inquieto. Cuando todos están inquietos, tú estás tranquilo". En el mismo lugar, en Roma, pero dos mil cien años más tarde, el embajador noruego Johan Vibe afirmó: "Sin seguridad, no hay humanidad; sin humanidad, no hay seguridad". El filósofo Blaise Pascal dijo que "la libertad sin poder es impotencia; el poder sin libertad es tiranía". La escritora noruega Marta Breen opina que estamos más pendientes de cambiar nuestro cuerpo que de cambiar el mundo y que antes todo lo personal era político, pero ahora todo lo político es personal. En 1961, el expresidente de Estados Unidos John F. Kennedy nos ofreció una de las antítesis más famosas: "No preguntes qué puede hacer tu país por ti. Pregunta qué puedes hacer tú por tu país".[69]

69. *"Ask not what your country can do for you. Ask what you can do for your country"*.

Metonimia: la palabra adquiere un significado distinto, pero relacionado. En su libro *Retorisk leksikon* [Léxico retórico],[70] Tormod Eide identifica estos tipos principales: 1) se nombra lo abstracto en lugar de lo concreto o a la inversa (por ejemplo, "medalla de oro" en lugar de "victoria"; 2) la causa en lugar de la consecuencia, el agente en lugar de la acción, como por ejemplo, el autor en lugar de sus libros ("conocía bien a Ibsen"); 3) el material en vez del objeto ("acero" en lugar de "espada"); 4) el continente en lugar del contenido ("me apetece una copa", "Finnmark protesta").

Exageraciones: una variante de la metáfora que, según Aristóteles, utilizan especialmente los jóvenes con mucho temperamento. Pone este ejemplo de alguien con un ojo morado: "Parecía una cesta de moras".

Personificación: dotamos de características humanas a distintos fenómenos: "El tiempo se detiene"; "el tiempo vuela"; "a las reuniones de la mañana no les vino bien que mucha gente llegara tarde"; "se ha muerto la fotocopiadora". Homero escribe sobre "una piedra desvergonzada" y "una lanza que se afana", y Tomás Espedal afirma que "los trenes no abandonan su plan original". En el caso de fenómenos concretos como animales, plantas y cosas, también se utiliza el término animado: "La montaña aguanta, soporta los embates, ya sabe lo que hay. / La montaña se eleva sobre la marea, valles angostos, tétricos bosques, / no se deja sacudir, no falla nunca. / Siempre es de fiar".

70. Tormod Eide, *Retorisk leksikon*, 2004.

Símil: dos cosas se comparan, normalmente unidas por el nexo "como". "Era listo como un zorro". Los símiles se pueden ver como una subcategoría de las metáforas, pero son más prudentes. Una metáfora diría "el tipo era un zorro". El símil más famoso de la historia del cine es el de *Forrest Gump,* cuando Forrest, al final de la película, sentado en un banco, dice: "Mamá siempre decía: 'La vida es como una caja de bombones. Nunca sabes lo que te va a tocar'".[71] Anteriormente, esa frase se formula como una metáfora pura y dura, cuando su madre le dice a Forrest: "La vida es una caja de bombones, Forrest. Nunca sabes lo que te va a tocar".[72]

OTROS RECURSOS A TU DISPOSICIÓN

Anfibología: ambigüedad deliberada. El cómico dice: "Si me hiciera un tatuaje, tendría que ser en un lugar pequeño y que no esté muy a la vista. Así que decidí hacérmelo en un pueblo remoto".

Asíndeton: consiste en omitir las conjunciones. El resultado es un mensaje más potente y con un ritmo más acelerado. "Nos levantamos de la silla, nos fuimos de la reunión, salimos corriendo hacia la libertad".

Apóstrofe: el escritor o el orador se aleja de la situación en la que se encuentra y se dirige a algo o a alguien que en realidad está ausente.

---

71. *"My momma always said, 'Life was like a box of chocolates. You never know what you're gonna get'".*

72. *"Life is a box of chocolates, Forrest. You never know what you're gonna get".*

Epifonema: un breve enunciado que cierra un texto. También puede expresarse como una pregunta. Cuanto más breve, mejor.

Epífrasis: una adición después de que la oración aparentemente haya terminado, a menudo para enfatizar su significado.

Evidencia o demonstratio: una imagen vívida. Un método tradicional es escribir en presente histórico.

Exclamación: ¡un grito!

Interrogación: una pregunta que se plantea exclusivamente por su efecto retórico, no porque se busque una respuesta que se desconoce. "¿Necesitas que te lo explique como si tuvieras 5 años?". Bob Dylan también sabía hacer preguntas retóricas: *"How many roads must a man walk down / Before you can call him a man"* [Cuántos caminos debe recorrer un hombre / antes de que puedas llamarlo hombre].

Paradoja: una contradicción que, sin embargo, contiene una verdad. George Orwell: "Todos los animales son iguales, pero algunos son más iguales que otros".[73]

Polisíndeton: palabras o frases unidas por "y" o por "o" donde lo normal habría sido poner una coma. "Roma son iglesias y palacios y ruinas y puentes y callejuelas".

Onomatopeya: la palabra describe el sonido de lo que imita. Algunos ejemplos típicos son los sonidos de los animales (¡bee!) o las exclamaciones (¡ja, ja!).

---

73. *"All animals are equal, but some animals are more equal than others"* (George Orwell, *Rebelión en la granja*).

Cuando la reunión ha durado una hora, también podemos escribir que fue una reunión *laaarga*.

Proverbios: las expresiones y frases hechas con las que tu público se identifique y que puedan vincularse con tu mensaje tienen la capacidad de crear asociaciones positivas y darle a tu discurso variedad, frescura y sabiduría vital. Las máximas (principios, a menudo sobre la vida o el mundo), sentencias (declaraciones breves y concisas) y citas de personas confiables ocupaban un lugar destacado en la lista de recursos retóricos de la Antigüedad. Los dichos más comunes en nuestra cultura vienen de la Biblia ("tierra que mana leche y miel"), de William Shakespeare ("ser o no ser...") y de Henrik Ibsen ("da la vuelta, dijo Bøygen"). Las referencias a la cultura popular también funcionan. Durante la cumbre climática de 2022 en Egipto, el secretario general de la ONU, António Guterres, mencionó el éxito inmortal de 1979 de AC/DC cuando afirmó que el mundo está *"on a highway to climatic hell"* o, lo que es lo mismo, en una carretera que conduce hacia el infierno climático.

¡Pero el público tiene que estar familiarizado con esas expresiones! Siempre me gustó decir "la Roca Tarpeya está cerca del Capitolio", pero en los últimos tiempos me di cuenta de que casi ningún menor de 40 lo entiende.

Por cierto, hay 292 metros desde el Capitolio a la Roca Tarpeya, es decir, del éxito al fracaso, del cielo al infierno.

JUGAR CON LAS PALABRAS

En la biblioteca de un obispo hay un cartel con una advertencia encima del estante de los periódicos: "Déjalo todo ordenado. ¡Dios te está mirando!".

Está permitido jugar con las palabras.

Se dice que el senador Catón el Viejo terminaba todos sus discursos así: "Además opino que Cartago debe ser destruida". El alcalde de Tønder le dio un giro y dijo lo siguiente muy serio, pero en broma: "Además opino que el municipio debe ser destruido".

El autor Simen Ekern, cuando un político italiano negaba tener vínculos con la mafia, decía: "Es cierto que podría. Pero ¿podría ser cierto?".

El club de poesía de Voss ha publicado un texto que siempre citan en primavera todas aquellas personas que tienen ganas de que llegue esa época del año: "Si eliges no alegrarte por la nieve, tendrás menos alegría en la vida, pero la misma cantidad de nieve".

Las palabras nuevas dan frescura al idioma. Hoy en día, hay palabras y expresiones que se han convertido en parte del habla cotidiana y que hace diez años nadie usaba. ¿Motel? Una combinación de motor y hotel. *Smoke* + *fog* = *smog*. Los finlandeses han acuñado el término *"snowhow"* para describir el saber hacer de los habitantes del extremo norte al vivir en condiciones climáticas adversas. Los suecos han creado el verbo *"zlatanear"* (sí, en honor al futbolista). Cuando antes los jóvenes decían: "Soy el puto amo", ahora dirían *"zlataneo"*. En Inglaterra, alguien convirtió a Megan Markle en un verbo. *"To meganmarkle"* significa hacer como la duquesa: superar las críticas y las provocaciones. Y un complejo de superioridad puede ser el diagnóstico de quienes sufren de una autoimagen exageradamente positiva.

Las palabras nuevas y las nuevas formas de construir palabras pueden dar frescura a un discurso y dotarlo de vitalidad y poder, como un antídoto contra los aburridos clichés.

BARBARISMOS LINGÜÍSTICOS

Los retóricos antiguos tenían muchas palabras para describir el lenguaje que les disgustaba. Estas palabras pueden servir como advertencia incluso hoy en día.

Obscuritas se refiere a un discurso oscuro, poco claro, quizá incluso con palabras raras y poco comunes que se escogen con la intención de impresionar al público.

Akyrologia: errores lingüísticos de todo tipo, desde lenguaje agramatical hasta construcciones de ilógicas y mezclas de metáforas.

Kakózelon: exageración en el uso de recursos retóricos.

Barbarismo: al principio, la palabra "bárbaro" se utilizaba para referirse a quienes no sabían griego. Así que no seas bárbaro, sé prudente con las palabras raras, las palabras extranjeras, los lugares comunes, las palabras de moda, las abreviaturas y los términos técnicos que no resulten apropiados para la ocasión.

LOS SIETE RECURSOS QUE DEBES DOMINAR

¿Cuándo aplaude el público? Un grupo de investigadores de Gran Bretaña examinaron 476 discursos políticos y veinte mil frases. Descubrieron que siete recursos retóricos eran responsables del 70 % de los aplausos del público.

Las frases que incluían alguno de estos recursos tenían entre dos y ocho veces más probabilidades de recibir aplausos que las que no los contenían.[74]

1. CONTRASTE (ANTÍTESIS). Las palabras o frases se organizan como pares de opuestos. Un ejemplo británico: "El Gobierno pretende argumentar que no hay recursos para ayudar a las personas con discapacidad. La realidad es que se gasta demasiado en munición para la guerra y muy poco en munición para la paz". Los contrastes también pueden utilizarse de forma irónica: "Nuestra primera ministra es una mujer que primero dio la espalda a quienes la eligieron, pero que ahora tiene el descaro de afirmar que el pueblo le guarda las espaldas". La crítica iba dirigida a la primera ministra Margaret Thatcher, que no se mordió la lengua: "Nuestro país atraviesa un mar proceloso. Puede que no estemos de acuerdo en cuál es la mejor manera de navegar, pero estamos en el mismo mar y viajamos en el mismo barco".

2. TRICOLON. Listas de tres elementos. Las repeticiones pueden confirmar, enfatizar o reforzar cualquier mensaje. Encontrarás más información sobre el tricolon en secciones anteriores. De nuevo, palabras de la ex primera ministra Margaret Thatcher: "En una época en que las amenazas a quienes valoran

74. John Heritage y David Greatbatch, "Generating Applaus: A Study of Rhetoric and Response at Party Political Conferences", en *American Journal of Sociology*, 1986.

la libertad y creen en ella son cada vez mayores, un partido de centro no constituye un escudo ni una protección ni una respuesta".

3. Resolución de problemas. El orador presenta primero un problema y justo después la solución. Por ejemplo así: "El desempleo me hace pensar inmediatamente en los jóvenes. Lo que los jóvenes quieren es un trabajo de verdad. A muchos empresarios también les gustaría tener un aprendiz. Así que ¿por qué no hacer algo al respecto? Porque el salario mínimo que se ha fijado tras las negociaciones excede a lo que las empresas se pueden permitir". El recurso de empezar con un problema y terminar con una solución también se presentar de una manera más refinada: "Margaret Thatcher ha asumido el papel de enfermera de la nación y nos ha recetado medicamentos desagradables pero necesarios, convencida de que, por mucho dolor que tengamos que soportar a corto plazo, a largo plazo obtendremos un beneficio. Me sorprende que, siendo química de formación, parezca haber olvidado la advertencia que aparece impresa en los medicamentos: es peligroso consumir más de la dosis recomendada".

4. Titular y remate. El orador avisa de que viene algo importante y valioso que decir para preparar al público, y entonces cumple su palabra: "Este partido se compromete a decir cuáles son nuestras políticas. Nunca más tomaremos el poder con la condición de que los trabajadores paguen por la crisis del capitalismo. No es nuestra responsabilidad". (Las palabras en mayúsculas son las que se enfatizan en el discurso).

5. COMBINACIONES. Cuando se combinan recursos retóricos, el efecto es aún mayor. En el 91 % de los casos en los que recibía aplausos, el orador había combinado varios recursos. La combinación más común es el contraste junto a una lista de tres elementos: "No somos destructores de sindicatos. No he destruido un sindicato en mi vida. Pero en un invierno cualquiera: ¿cuántos ancianos, enfermos, desempleados y personas con discapacidad han sido destruidas por los sindicatos?".

6. TOMA PARTIDO. Describe una situación y toma partido. Un recurso especialmente adecuado cuando quieres hacer una crítica: "Una y otra vez, cuando el Partido Laborista ha ganado las elecciones ha intentado implementar políticas capitalistas mejor que los conservadores. No queremos que ocurra nada semejante la próxima vez".

7. ANIMA AL APLAUSO. Puedes pedir una respuesta, a poder ser incorporando el efecto en el guion. Un método habitual es repetir la última idea textualmente o con otras palabras para captar la atención del público e indicarle que es momento de reaccionar: "Tenemos que vender Gran Bretaña. Tenemos que vender a Margaret Thatcher. Tenemos que vender sus políticas al pueblo, decirle cuál es el plan".

De estos siete recursos, el contraste fue el más utilizado, seguido de las listas de tres elementos, combinadas precisamente con la antítesis. Si quieres empezar a usar un recurso retórico, te recomiendo que uses contrastes en frases en las que repitas un elemento tres veces. "¿Construimos un nuevo parque infantil o conservamos el antiguo? ¿Construimos un parque al que los niños acudan en masa o dejamos que el antiguo se deteriore aún más? ¿Demostramos que nos tomamos en serio a los niños y construimos un parque nuevo, o damos prioridad a las aceras asfaltadas y dejamos morir el parque viejo y destartalado?".

¿Siempre se obtienen resultados? Los ejemplos son de discursos políticos pronunciados ante un público británico hace cuarenta años, pero probablemente sirvan en todas partes. Pero presta atención: los discursos se dirigen a los miembros del propio partido, a las bases, para fortalecer sus creencias y crear un sentimiento de comunidad entre el orador y su público.

Y como dice una vieja canción: "No es lo que dices, sino cómo lo dices". El estudio también concluyó que los recursos retóricos en sí mismos no son suficientes: deben expresarse de manera adecuada. Hay más información al respecto en el capítulo "*Actio:* practica el arte del momento en el momento de la verdad".

BREVEDAD: CORTO, CLARO, CONCISO

Esparta es la capital de la región griega de Laconia. En la Antigüedad, el estilo ideal espartano era expresarse de manera corta, clara y concisa. Esta forma militante de hablar y escribir recibió el nombre de *brevitas imperatoria*, y el concepto "lacónico" tiene su origen en ese mismo lugar. El ejército estadounidense tiene un término que es la versión moderna del antiguo discurso militar: BLUF *(Bottom Line Up Front)*. Es decir: dilo con pocas palabras. ¡Lo más importante primero!

Teofrasto tenía cuatro ideales de estilo. El requisito de concisión surgió más tarde. En *Retórica a Herenio,* se recomienda que las presentaciones en particular sean breves. No empieces con el Big Bang. Cuenta brevemente de qué vas a hablar. Evita las digresiones. Elimina lo insignificante. El libro da el siguiente ejemplo sobre cómo no hacer las cosas: "De Atenas al atardecer llegó Simón a Megara. Cuando llegó a Megara, tendió una trampa a la joven; después de tenderle una trampa, la asaltó". El autor anónimo habría preferido esto: "Cuando Simón llegó a Megara al anochecer, tendió una trampa a la joven". Seguramente el autor también habría admirado a Ernest Hemingway, a quien una vez le preguntaron si podría escribir un cuento de seis palabras. Y lo consiguió: "Vendo zapatos de bebé. Sin estrenar". Hemingway dominaba la precisión. Se dice que su frase favorita era esta: "Él fue al río. El río estaba allí".

Palabras y frases cortas y directas al grano.

¡Y se acabó!

O no del todo. Recortar las frases para una mayor concisión es una decisión sensata. Las anécdotas que contamos oralmente tienen que ir al grano antes de que nuestro público se duerma. Los ejemplos no pueden ser artículos completos. Las explicaciones no pueden ser tesis doctorales. Sin embargo, en muchas situaciones y géneros es apropiado dedicar más tiempo, espacio y ornamentación de lo que permite el ideal estilístico de un discurso militar. Conviene que equilibremos el requisito de brevedad con otros ideales estilísticos y con las conclusiones del análisis retórico sobre el objetivo, el contexto y las necesidades del público.

Memoria: practica, vuelve a practicar, sigue practicando

EL EX PRIMER MINISTRO sueco Göran Persson siempre se pone delante en el escenario. Delante del todo, en el borde, lo más cerca posible del público. Se siente seguro. No le hace falta el PowerPoint. Ha llegado temprano para familiarizarse con el ambiente. "Si no estás familiarizado con el ambiente de la sala, la experiencia puede resultar incómoda", dijo en una ocasión.[75] Habla de forma sencilla, con pocos mensajes, pero con fuerza en la voz y en el cuerpo. "Cuando llegues a la idea número once de noventa y siete, hasta el oyente más fiel estará agotado", afirma. Persson lleva una pequeña nota en la mano. Si se habla sin leer, se aprende a leer las reacciones del público. Estar presente y en contacto directo con el público es una herramienta. Persson es brillante porque lleva toda una vida ejerciendo como orador, desde que tenía 16 años. Además practica cuando va solo en el coche. Va solo en el coche muy a menudo. Entonces practica discursos que va a dar o discursos sobre temas imaginarios, por ejemplo, sobre el futuro de la agricultura

---

75. "Jag vågar bjuda på min skröplighet", en *Tidsskriftet Chef*, 26 de octubre 2009.

africana. La retórica debe evocar una experiencia, una vivencia, poner en movimiento una emoción, movilizar al público en una dirección determinada. Los oradores como Göran Persson nos enseñan que tenemos que ensayar lo que queramos decir. Tenemos que recordar lo que queremos decir, pero no palabra por palabra.

La memorización de contenido es la cuarta de las cinco fases de la división del desarrollo de un discurso que se establecía en la Antigüedad. Era una categoría aparte porque ser capaz de recordar un discurso de principio a fin, aunque durase una hora o más, era una virtud. Los teóricos de la Antigüedad identificaron dos tipos de memoria: la memoria natural y una memoria artificial que nos ayuda a recordar a través de la práctica y la repetición. El método que desarrollaron implicaba ubicar las partes del discurso en un lugar con el que el orador estuviera familiarizado, como por ejemplo su propia casa. A medida que el orador avanza mentalmente de una habitación a otra, va encontrándose con las distintas partes del discurso en el orden correcto. Mucha gente utiliza este sistema, que aún dos mil años después sigue siendo una de las principales técnicas de memorización.

Hoy en día, pocas personas ensayan un discurso como un actor que se lo sabe todo de principio a fin, y las que lo hacen también necesitan algunas notas por si se quedan en blanco. A veces conviene llevar el discurso entero por escrito, como cuando tenemos que hablar en un funeral o en una ocasión especial en un ayuntamiento. Pero aunque tengas un guion escrito palabra por palabra tienes que ensayar, porque si lees el texto sin levantar la vista del papel acabarás aburriendo a tus oyentes. Los oradores que hacen esto han olvidado que un discurso es un acontecimiento social, una comunicación frente a un público.

La mayoría de los discursos mejoran si tenemos un guion que seguir: unas pocas palabras clave en un folio, en tarjetas en formato A5 o en las notas del celular (aunque tener un móvil en la mano puede distraernos y entorpecer la comunicación). No es necesario que recordemos tantas cosas como Demóstenes o Cicerón, que no tenían ninguna palabra clave en la que apoyarse, pero tenemos que recordar lo suficiente. Cuando veamos las palabras clave, el resto de las palabras vendrán solas porque sabremos lo que tenemos que decir. El secreto es practicar.

Un bloguero estadounidense escribió sobre la charla TED de la escritora Elizabeth Gilberts. Dijo que era fantástica, inteligente, didáctica y divertida. Después tuvo la ocasión de hablar con ella.

—Entregué el manuscrito de un libro hace seis semanas —le dijo ella.

—Entonces, ¿has tenido seis semanas de descanso?

—¡Para nada! Empecé a preparar la conferencia el día después de entregar el manuscrito. Llevo seis semanas dedicándome a tiempo completo a un discurso de dieciocho minutos.

El discurso de Elizabeth Gilberts es un ejemplo de *sprezzatura*,[76] un ideal de estilo que introdujo hace seiscientos años el conde, cortesano, diplomático y escritor Baldassare Castiglione en la Lombardía italiana. El conde definió la *sprezzatura* como un estilo en el que lo que decimos o hacemos parece espontáneo, casi despreocupado, pero no se puede conseguir sin grandes dosis de entrenamiento.

76. Derek Sivers, *Sprezzatura*, 30 de agosto de 2009.

En resumen, la práctica nunca sobra y no hay atajos que nos eviten el trabajo duro, pero podemos hacer que la tarea nos resulte más agradable si seguimos los consejos de Boncompagno, un profesor de retórica que ejerció en Bolonia hace mil años: respirar aire fresco, llevar una dieta moderada, perfumarnos con hierbas aromáticas y agua de rosas y disfrutar de la belleza de un entorno natural.

Descifra el código
Recuerda esto

1. La primera frase debes aprenderla de memoria. ¡Estúdiala bien! Y, de ser posible, la segunda y la tercera también.

2. Las últimas frases son aún más importantes. Apréndelas para no tener que leerlas.

3. Practica tu discurso lo suficiente como para que las palabras clave te indiquen lo que tienes que decir.

4. El texto debe tener una fuente lo suficientemente grande como para que lo puedas leer discretamente sin tener que entornar los ojos. Si tienes más de 40 años, el tamaño de la fuente debe ser al menos de 14, quizá 16.

Actio: practica el arte del momento en el momento de la verdad

ABÍA UNA VEZ UN hombre llamado Demóstenes. Nos mostró la verdad con los tres consejos para hacer mejores presentaciones: 1) práctica; 2) práctica; 3) práctica.[77]

El padre de Demóstenes (384-324 a. C.) era un magnate ateniense, pero murió cuando su hijo tenía 7 años. Quienes debían administrar la fortuna de Demóstenes la dilapidaron. Demóstenes no tenía padre, no tenía dinero y era un niño tan frágil que no podía llevar a cabo ninguna actividad que requiriera esfuerzo físico. Tenía los pulmones débiles y los hombros espásticos. Su aspecto tampoco le favorecía, y además tenía problemas de dicción. Le faltaba potencia en la voz, no sabía pronunciar la letra erre y tartamudeaba. De su boca salían balbuceos incoherentes. Sin embargo, decidió luchar contra quienes habían malgastado la herencia de su padre.

Cuando un día, desde el último escaño, vio un discurso pronunciado por el famoso orador Calístrato en Atenas, Demóstenes, ya casi adulto, se sintió inspirado. ¡Él

77. Se basa, entre otras cosas, en Plutarco, *The Parallel Lives [Vidas paralelas]*, Loeb Classical Library edition, vol. II, 1919.

también quería hablar así! Con todo en su contra, tenía un largo camino por delante. Aprendió a elaborar discursos con los argumentos adecuados y decidió firmemente acabar con sus problemas de dicción. Para fortalecer su cuerpo, comenzó a correr largas distancias subiendo colinas y montañas y recitaba discursos mientras subía corriendo y sin resuello las escaleras de la Acrópolis. Entrenó la voz a base de hablar con la boca llena de piedras y el volumen yendo a la playa y gritando para que se le oyera por encima del sonido de las olas.

La práctica no hizo al maestro inmediatamente, pero Demóstenes iba notando el progreso. Ganó los juicios contra quienes habían despilfarrado la herencia de su padre, pero Demóstenes no se conformó con eso. Había aprendido el arte de hablar en los tribunales, pero le costaban demasiado los argumentos formales y alambicados, las frases enrevesadas y complicadas. Su voz ya era clara y fuerte, pero no podía superar los demás obstáculos. Entonces, alguien llegó a su rescate. El actor Sátiro acompañó a Demóstenes a casa tras una actuación ante un público mediocremente entusiasta, por ser generosos. "Léeme este discurso", le dijo Sátiro. Demóstenes lo leyó y después le llegó el turno al actor. Leyó con tanto sentimiento que Demóstenes lo entendió a la primera: un orador debe creer en lo que dice y también debe generar un efecto en el público con la voz, los gestos y el lenguaje corporal.

Tras la sesión nocturna con Sátiro, Demóstenes construyó una cámara de estudio subterránea. Allí pasaba los días, las semanas y los meses. Colocó un gran espejo en la estancia para poder verse mientras practicaba.

Demóstenes fue el orador más destacado de la Antigüedad, ilustre por su estilo refinado. Se ganaba la vida como orador y profesor de retórica y también se involucró en política. Quintiliano lo honró con el título de *lex orandi,* el que sentaba las bases para el resto de los oradores, y Cicerón dijo de él que era el orador perfecto, sin defectos ni flaquezas.

¿Moraleja? La primera es que, sea cual fuere el punto de partida, la práctica y el acompañamiento pueden producir resultados increíbles. La segunda es que además de los tres consejos para ser un mejor orador —1) practica; 2) practica; 3) practica—, hay otro más: 4) estate presente durante las presentaciones, física, intelectual y emocionalmente, con la voz, los gestos y el cuerpo. Demóstenes decía que la manera en la que se da un discurso es lo más importante, lo segundo más importante y lo tercero más importante para todo orador. Más tarde, Demóstenes recibió el apoyo de Quintiliano, que le dijo que un discurso mediocre muy bien pronunciado impresiona más que el mejor discurso posible con una mala presentación.

En los tiempos en los que Demóstenes brillaba como orador, no existían los medios digitales, pero si viviera hoy en día se reconocería en estas palabras: "Empiezo el discurso y miro al público. Me imagino que tienen un control remoto en la mano. Si no consigo mantenerlos en vilo en el asiento, cambiarán de canal a otro con un contenido y un formato más atractivos".

La imagen de los controles remotos habría enardecido a Demóstenes. Se habría esforzado por mantener al público atento, pero al mismo tiempo habría pensado que no basta con que el público se quede quieto en el asiento sin cambiar de canal. Él quería conmoverlos. Podría imaginarse lo siguiente: los espectadores se levantan del asiento. Salen del auditorio en grupo y buscan la valla más cercana. Se instalan allí. Pero ¿en qué lado de la valla? Demóstenes entiende que debe brillar más que nunca para que el público se dé cuenta de que la hierba es más verde en su lado de la valla.

La presentación es la quinta y última fase de la planificación y ejecución de un discurso u otra presentación oral. Donde se cosecharán los frutos de una preparación minuciosa. Cicerón dice que la interpretación requiere un control de la voz y del cuerpo de un modo que se adecúe al tema y al estilo. Y se podría añadir: como el mensaje se transmite a través de un encuentro entre el orador y el público, no basta con leer un texto según las normas de la lengua escrita. Para eso, valdría con enviar un mensaje de texto o un correo electrónico. El discurso es el momento de la verdad para el arte del momento, donde la meticulosa planificación de la base, el contenido, el estilo y el lenguaje se transforman en un encuentro vivo con el público. Un encuentro con personas con las que te alegras de compartir una hora de tu tiempo. No hables mirando al suelo, al manuscrito o a la presentación. El expresidente de Estados Unidos Ronald Reagan, la ex primera dama de Argentina Eva Perón y el presidente de Ucrania Volodímir Zelenski son actores que se hicieron políticos. En el escenario, han capitalizado su capacidad para hablar y actuar con presencia. ¡El resto tenemos que practicar!

COMUNICACIÓN NO VERBAL: HABLAR CON EL CUERPO

La comunicación no verbal es toda aquella que no se expresa con palabras:[78] expresiones faciales, la mirada (el contacto visual), el cuerpo (la postura, los gestos), la voz (el sonido, la fuerza, la intensidad), el tacto, el silencio y las pausas, el tiempo (la lentitud, la velocidad). La comunicación no verbal cumple varias funciones:[79]

¶ Expresar los sentimientos, especialmente a través de la cara, el cuerpo y la voz.

¶ Apoyar lo que decimos con palabras, por ejemplo, con la mirada o asintiendo con la cabeza.

¶ Contar quiénes somos o quiénes deseamos ser, sobre todo mediante la forma en la que nos presentamos visualmente.

¶ Reforzar los rituales. Cuando nos saludamos, por ejemplo, mandamos señales no verbales.

Hay estudios que han demostrado el poder de asentir con la cabeza, de usar el contacto visual y acercarse físicamente a los demás (dentro de lo que resulte aceptable en cada cultura). Así expresamos, de forma consciente o inconsciente, que nos caemos bien, que somos entusiastas y reforzamos lo que decimos con palabras. Funciona, pero no lo es todo. Muchos libros sobre la comunicación hacen referencia a un estudio del investigador Albert Mehrabian y su regla 7-38-55, que establece

78. Hilde y Tom Eide, *Kommunikasjon i relasjoner*, Gyldendal, 2017.

79. Michael Argyle, *Bodily Communication*, Taylor & Francis Group, 2010.

que las palabras solo importan el 7 %, la voz y el tono, el 38 %, y el lenguaje corporal, el 55 %.[80] Los porcentajes son alarmantes. ¿Qué sentido tiene molestarnos en buscar las palabras adecuadas si el lenguaje verbal apenas importa? Las cifras, tan cautivadoras, nos engañan (¡las cifras precisas inspiran confianza!). Ese estudio se llevó a cabo en experimentos de laboratorio con unas pocas personas. Por eso hay que tener cuidado con las generalizaciones. El propio investigador hace una salvedad mucho más importante: las cifras que presenta se aplican cuando decimos una cosa con palabras y otra con el cuerpo y la voz. En esos momentos, y solo entonces, damos más crédito a lo que transmiten nuestro cuerpo y nuestra voz. La moraleja para los oradores es que sean conscientes de cómo usan su cuerpo y su forma de hablar. Busca la armonía con las palabras que utilizas y piensa en ellas. Tienen muchísima más importancia que un 7 % para que tu discurso sea un éxito o todo lo contrario.

Esconderse detrás de un podio o un atril da más seguridad, pero intenta moverte por el escenario, lo más cerca posible del público. Si vas a usar una presentación con imágenes, puedes cambiar de diapositiva con un control remoto. Así podrás moverte. Avanza con confianza y con la espalda recta, abre bien las manos y mira al público (pero nunca a la misma persona durante más de cuatro segundos). Muévete tranquilamente de vez en cuando, cambia de sitio, pero quédate quieto un rato antes de volver a cambiar de posición.

¿Empiezas todas las frases con un "mmm"? ¿Te gusta juguetear con tus anillos o hurgarte la oreja? Sé

---

80. Albert Mehrabian, *Silent Messages,* Wadsworth Publishing Company, 1971.

consciente de tus vicios. Cuando estás presentando sobre un escenario, pueden distraer.

Los recursos retóricos deben usarse con moderación y tienes que dejar espacio para la variación y la dinámica. Una presentación monótona, como si fueras un robot parlante, provocará bostezos, en el peor de los casos tanto a ti como a tu público. El tempo, el ritmo y el volumen deben variar. La aliteración y las repeticiones destacan lo que consideras más importante. En 2014, una médica noruega contrajo el ébola en Sierra Leona. Cuando le dieron el alta del hospital en Oslo y habló con la prensa, repitió dos veces la misma idea: "Ahora mismo estoy sana y ya no soy contagiosa. Estoy sana y no contagio". Lo dijo seria, en voz baja, con la mirada fija en el público. Los recursos que hayas decidido incorporar al discurso debes expresarlos de forma que creamos que lo que dices es en serio.

Se dice que el autor noruego Bjørnstjerne Bjørnson solía escribir lo siguiente en sus manuscritos: "Argumento débil, alza la voz". Y así es. La mayoría de los oradores prefieren alzar la voz cuando dicen algo especialmente importante. Lo contrario puede funcionar igual de bien: baja la voz hasta que casi sea un susurro para que el público apenas te oiga, y habla un poco más despacio. Así, tus oyentes se asentarán al borde de la silla, subirán el volumen de los auriculares y prestarán atención a lo que consideras que son las ideas principales del discurso.

Hablamos con la voz que tenemos. Las mujeres tienen una voz más débil que los hombres por naturaleza y, por lo tanto, deben seguir las enseñanzas de Nanna With (1874-1965), una de las primeras editoras de Noruega. También fue profesora de música y fundadora de la academia para el desarrollo de la voz de Noruega. Su misión era animar a las mujeres a alzar la voz literal y figuradamente, y en 1929 publicó un folleto en el que, entre otras cosas, enseñaba ejercicios para fortalecer el aparato fonador. Existen muchas maneras de desarrollar el sonido, el volumen y el tono de la voz.[81]

¶ Para que te oigan mejor en grandes espacios, para ocupar espacio, podemos practicar subir la voz hasta cierto punto, sin forzar. Di "enero, febrero, marzo" a tu mano. Después di "abril, mayo, junio" a un punto que esté a 2 metros de ti. Después, a un punto que esté el doble de lejos: "Julio, agosto, septiembre". Preocúpate por mantener la postura. No fuerces la voz ni empujes la cabeza hacia adelante.

¶ Los ejercicios inspirados en Demóstenes pueden desarrollar la claridad del discurso. Un ejercicio consiste en exagerar la articulación al leer un texto. Otro, en decir trabalenguas como "camarón, caramelo; caramelo, camarón". Estos ejercicios también pueden usarse como calentamiento antes de hablar en público.

¶ La india Khyati Bhatt es experta en comunicación no verbal. Le fascina la capacidad que tiene Messi para interpretar las intenciones de su oponente, tomar decisiones y actuar en consecuencia a una velocidad increíble. Bhatt cree que podemos aplicar a la comunicación lo que Messi nos enseña:

81. Kåre Kverndokken (ed.), *101 måter å fremme muntlige ferdigheter på – muntlig kompetanse og muntlighetsdidaktikk*, Fagbokforlaget, 2017. Este libro propone muchos ejercicios para trabajar el sonido, el volumen y el tono de voz.

1. Observa al público mientras hablas. El lenguaje corporal de los oyentes te dirá lo que piensan y lo que sienten.

2. Adapta lo que dices al lenguaje corporal de tu público.

3. Practica mantener la calma aunque no lo entiendas a la primera; es decir, actúa como recomendaba el gobierno británico antes de la Segunda Guerra Mundial: *"Keep calm and carry on"* (mantén la calma y sigue adelante).[82]

¿CÓMO SE CONSIGUE UN APLAUSO?

En el capítulo sobre lenguaje y estilo habrás leído sobre los siete recursos que resultan especialmente efectivos para conseguir una respuesta positiva de tu público.[83] Los investigadores responsables del estudio que analizó 476 discursos en el Reino Unido también descubrieron que el aplauso del público requiere que el orador destaque sus ideas con lenguaje no verbal. Estudiaron si los oradores usaban cinco de las formas más comunes de destacar una idea:

1. ¿El orador miraba al público?

2. ¿Alzó la voz el orador?

---

82. Khyati Bhatt, "Messi's Football Magic. Lessons on Body Language for Leaders", en *Simply Body Talk*, blog, 17 de diciembre de 2022.

83. John Heritage y David Greatbatch, "Generating Applause: A Study of Rhetoric and Response at Party Political Conferences", en *American Journal of Sociology*, 1986.

3. ¿Cambió el orador tono o enfatizó algunas palabras escogidas?

4. ¿El orador habló más rápido o más despacio o modificó el ritmo de alguna manera?

5. ¿Gesticulaba el orador?

Si el orador no había hecho nada de lo anterior, la posibilidad de recibir un aplauso era de un mísero 5 %. Si había recurrido a una de esas estrategias, la probabilidad de aplausos era del 25 %, y si había utilizado dos o más estrategias, la probabilidad de recibir aplausos ascendía al 50 %. La táctica más utilizada por los oradores que recibieron aplausos era mirar al público mientras exponían. Muchos no miraban al público, principalmente porque no levantaban la vista del papel, lo que conlleva una menor posibilidad de recibir una ovación del público.

¡Y sonríe! Esto no salía en el estudio británico, pero una investigación reciente con datos de 3.878 personas de diecinueve países confirma lo que pensábamos: ¡sonreír funciona! Si sonríes, te sientes más feliz. "Rodéate de personas que sonrían a menudo y esa sensación positiva se te contagiará si imitas sus expresiones faciales", afirma la profesora Gerit Pfuhl de la UIT, la Universidad del Ártico de Noruega. Una sonrisa te alegrará el ánimo como orador y también tendrá una influencia en tu público. Los psiquiatras que trabajan con jóvenes conflictivos lo saben: si recibes a alguien con una sonrisa, la sonrisa se contagia, incluso si la otra persona parece impasible.[84]

84. Bludd, Ellen Kathrine, *Smiiil! Du blir gladere av det,* UIT, Universidad del Ártico de Noruega, 26 de octubre de 2022.

Deja que el corazón lata a su ritmo cuando hagas una presentación. Tienes que estar alegre y transmitir esa alegría. Asegúrate de tener un nivel de energía suficiente y un estado de ánimo adecuado para la ocasión.

NO ESTÁS NERVIOSO. ESTÁS CONCENTRADO

El pintor Edvard Munch solo habló en público una vez. La noche anterior durmió mal y así describió la experiencia del discurso: "Sentí una mano en la garganta que apretaba y me asfixiaba. Todo desapareció. Solo veía una niebla blanca. Sabía que tenía que hablar, pero no recordaba ni una sola palabra [...]. Y de repente sentí que me convertía en gelatina y me atravesaban con un palo".[85]

Munch tenía pánico a hablar en público o glosofobia, como se conoce en lenguaje técnico. Y no es el único. Cicerón, Ghandi y Lincoln también padecían esa fobia. En un estudio estadounidense, se pidió a 812 estudiantes que dijeran a qué tenían miedo.[86] Más mujeres que hombres tienen miedo a hablar en público, pero más hombres que mujeres tienen ese miedo como su mayor pesadilla. ¿Y cuáles eran los temores de los encuestados? Seis de cada diez respondieron que su mayor miedo era hablar en público, seguido de los problemas económicos, la muerte y la soledad. En defensa de la muerte, hay que añadir que a los estudiantes también se les preguntó a

85. La cita sale en Ottar Grepstad, *Retorikk på norsk*, Det Norske Samlaget, 1988, p. 41.

86. Karen Kangas Dwyer y Marlina M. Davidson, "Is Public Speaking Really More Feared Than Death?", en *Communication Research Reports*, 2012.

qué tenían más miedo, y la muerte apenas superaba el miedo a hablar en público.

No existe una solución fácil para acabar con el miedo y el nerviosismo, pero el esfuerzo tiene su recompensa:

¶ Dite a ti mismo que los nervios aparecen porque el cuerpo nos quiere transmitir que es importante estar fuerte y alerta. La respiración irregular, el nudo en el estómago y el ligero temblor te obligan a concentrarte.

¶ Cuanto más preparado estés, más seguro te sentirás. Necesitas un discurso bien estructurado y practicar bien tu presentación. Ensaya sobre todo el principio, porque una vez que empieces, muchos de esos nervios se disiparán. Intenta también hablar despacio, claro y haciendo pausas. Cuando estamos nerviosos, tendemos a hablar demasiado rápido.

¶ Asegúrate de tener todo lo que necesitas para el discurso: papeles, memoria USB, anteojos… Comprueba dos y hasta tres veces que los medios técnicos que vas a utilizar funcionan. ¿Está cargada la batería?

¶ Visualiza la presentación… como un éxito.

¶ Familiarízate con la sala en la que vas a hablar. Intenta ser la primera persona en llegar. Así la sala será tuya. Decide dónde mirar, dónde situarte y por dónde caminar.

¶ ¡Mejorarás! "Las primeras veinte veces serán las peores", me dijo una vez un profesor a modo de consuelo. La experiencia atenuará el nerviosismo, pero siempre sentirás algo de nervios al hablar en público. Y eso es bueno, porque si estás demasiado relajado no lo harás tan bien como podrías.

¶ Puedes practicar en soledad o con un público ante el que te resulte cómodo hablar y, si puede ser, grábalo todo en audio o en video. Si quieres practicar la sensación de estar en un escenario, súbete a una silla de la cocina y mira hacia abajo mientras hablas. Hoy en día también existen programas de realidad virtual con los que puedes tener la sensación de estar hablando ante un público, aunque solo estés hablando a una pantalla con unas gafas de realidad virtual puestas.

¶ Calienta la voz antes de salir al escenario. Algunas personas también preparan el resto de su cuerpo, ya sea corriendo escaleras arriba, haciendo veinte flexiones o subiendo los brazos como un gorila frente al espejo del baño. El cuerpo lo manejamos nosotros, pero también influye en lo que pensamos y sentimos.

Marco: descifra el código
Deja que tu cuerpo trabaje por ti[87]

El estrés empieza con un pensamiento o la interpretación de una situación, pero lo sentimos en el cuerpo. Ahí está también la clave para controlar los nervios, tanto antes como durante la presentación. Puedes usar el cuerpo para que le pida al cerebro que desactive el estrés.

---

87. Fuente: Paro N. Lyngmo, CEO de Stemmeprakt AS, experto en respiración y fundador del concepto de comunicación "conviértete en un maestro en el escenario".

1. Siente los pies. Cuando tienes contacto con la superficie, es más fácil controlar tu estado, respirar hondo y encontrar el equilibrio.

2. Usa la respiración. Exhala despacio, con atención y calma. Una respiración pausada activa los mecanismos de relajación de tu cuerpo, lo que reduce la respuesta al estrés y te ayuda a recuperar el equilibrio. Si te tomas un tiempo para respirar, le darás espacio a tu público para que pueda reflexionar.

3. Da un paso al frente. Cuando tienes estrés es fácil echarse atrás. Si en lugar de eso das un paso al frente, te mandas la señal de que estás a salvo, que confías en ti mismo y dominas la situación.

LA ROPA Y TODO LO DEMÁS

El escritor irlandés Oscar Wilde lo expresó así: "Solo la gente superficial no juzga por las apariencias. El verdadero misterio del mundo es lo visible, no lo invisible".

Antes de escucharte, la gente te va a mirar. Sherlock Holmes sabe bien en qué centrarse: en las uñas, en las mangas del abrigo, en las botas, en las rodillas de los pantalones, en las irregularidades de los dedos índices y los pulgares, en la expresión de la cara, en las mangas de la camisa. Con cada una de estas cosas, el sujeto desvela su verdadero yo, opina el detective, que considera inconcebible que observar estos detalles del exterior no revele claramente si el sujeto en cuestión miente o dice la verdad.[88]

88. Arthur Conan Doyle, *A Study in Scarlet, Adventures of Sherlock Holmes [Estudio en escarlata],* Heritage Press, 1950.

Piensa bien en lo que vas a ponerte para subir al escenario ante tu público. ¿Qué resultaría adecuado para la ocasión? No dejes que tu atuendo distraiga la atención de tus palabras. Un manual recomendaba que los periodistas se vistieran como la persona promedio que fuera a encontrarse en el entorno en el que fueran a trabajar. Un graciosillo preguntó si había que vestirse de payaso para hacer un reportaje en un circo. Mejor no, claro, aunque el manual tenía otro consejo: si quieres que el público te perciba como "uno de los nuestros", tienes que vestirte y comportarte como ellos, o un poco mejor.

Después de la guerra, Haakon Lie fue secretario general del Partido Laborista Noruego durante veinticinco años. Se dice que se presentaba ante su público con una camisa de cuadros de franela, no porque le gustaran esas camisas, sino porque quería mimetizarse con la gente que iba a escucharlo. El exvicepresidente de Estados Unidos Al Gore se hizo conocido por remangarse la camisa cuando hablaba en público: ¡aquí viene un muchacho dispuesto a poner el hombro!

ESTAR CALLADOS AL MISMO TIEMPO

Diecisiete jóvenes murieron en un tiroteo en Florida en 2018. X González, superviviente del tiroteo, dio un discurso ante quinientos mil espectadores en Washington unos días más tarde, para rendir un homenaje a sus diecisiete compañeros y alzar la voz en contra de las leyes armamentísticas en Estados Unidos. El discurso se retransmitió por televisión. X habló durante tres minutos y en ese tiempo alcanzó a contar un microrrelato sobre cada uno de sus compañeros. Después, se quedó en silencio.

Pasaron los segundos. Y los minutos. X seguía sin decir nada. Mirando al público. Con la boca cerrada. Le cayó una lágrima. Seis minutos y veinte segundos después prosiguió: "Han pasado seis minutos y veinte segundos. Han cesado los disparos. Luchen por la vida antes de que alguien lo tenga que hacer por ustedes".

Ya lo dijo el filósofo Jean-Paul Sartre: "Cada palabra tiene consecuencias, cada silencio también". X González nos mostró el poder que tiene el silencio en los oyentes cuando la persona que está dando un discurso hace una pausa. Que un orador no diga nada no significa que no tenga nada que decir. Jorge Mario Bergoglio demostró lo mismo cuando lo nombraron papa en marzo de 2013 y tuvo que dar las gracias. Lo hizo con una oración silenciosa.

Descifra el código
Deja que el silencio trabaje por ti

1. Haz una pausa antes de empezar a hablar: sube al escenario. Sitúate con aplomo y seguridad. Cuenta 1.001, 1.002, 1.003 mientras miras al público. Y entonces empieza.

2. Antes de seguir hablando, haz una breve pausa cada vez que termines un fragmento de información. Así indicarás que hay un cambio de tema o de tono. A menudo se agradece una pausa de unos segundos tras lo que por escrito habría sido un párrafo de cinco o seis frases.

3. Haz una pausa dramática cuando quieras que tu idea quede flotando en el aire antes de decirla (o, para sorprender, di lo contrario).

4. Haz una pausa después de decir algo importante. Eso le dará peso a tu idea.

5. Haz micropausas entre una frase y la siguiente. Muchas personas dan charlas a una velocidad de 170 a 180 palabras por minuto y, si están nerviosas o tienen demasiado contenido, aún más deprisa. A tus oyentes les resultará más agradable que hables a una velocidad de 120 o 150 palabras por minuto y, además, así retendrán mejor el contenido. El ritmo dependerá del público y del tema. Un ritmo lento demuestra que crees que lo que estás diciendo es serio e importante. Un ritmo rápido, que lo que dices es emotivo o urgente. Si hablas claro y con palabras y frases sencillas sobre un tema que no sea complicado, puedes aumentar la velocidad. Si sientes que hablas demasiado despacio o que haces demasiadas pausas, es probable que estés hablando al ritmo adecuado.

Discursos virtuales

PRESENTAR UN TEMA O dar un discurso *online* puede parecer más sencillo que enfrentarse al público físicamente. Puedes sentarte frente a la computadora o estar de pie en un estudio y no tienes más que poner manos a la obra. No puede ser tan difícil, ¿no?

Pues lo es. Dificilísimo. No estás en el mismo espacio físico que el público, así que te perderás gran parte de la información que podrían darte con sus gestos y su lenguaje corporal. Si tienes suerte y encienden la cámara, los podrás ver, pero solo como rostros aislados que se encuentran en otro lugar del universo, y no podrás sentir su presencia. Y el público te percibirá como una figura en una pequeña pantalla. Mantener su atención requiere mucho más de ti que si estuvieras en el mismo espacio. Con un solo clic, el público puede apagar la cámara o abandonar la reunión o sencillamente prestar atención, sin que te des cuenta, a otra de las cosas que le ofrece la pantalla desde la que te está mirando y que le resulte más atractiva que escucharte.

Mantener la atención del público en una presentación digital no es tarea fácil. En el fondo, la regla principal de la retórica sigue vigente: entender el contexto de la comunicación, saber lo que se quiere conseguir, conocer al público. ¿Qué se necesita para mantener a los espectadores pegados a la pantalla? Asegúrate de que te perciban como una persona que los aprecia y que quiere compartir algo interesante con ellos. Imagínate que estás frente a una computadora, hablando en público. ¿A quién se encontrarán tus oyentes al otro lado? ¿Serás capaz de presentar algo que los motive a quedarse? ¿Hablas solo de puntos, cifras y estadísticas o también recurres a relatos y anécdotas? ¿Enganchas al público? ¿Lo mantienes enganchado? ¡Procura que no sea forma indefinida! Las presentaciones digitales han de ser más breves que las presenciales. Tus espectadores se cansarán e impacientarán más rápido.

Los análisis de los diez videos más populares de TED muestran que los oradores hacen lo mismo para captar la atención en sus presentaciones.[89] En los discursos en línea, los contrastes y las listas de tres elementos también son populares. Lo mismo ocurre con las preguntas que plantea el orador pero que él mismo responde, por lo general sobre retos o dificultades ("¿sabes cómo se puede aguantar media hora bajo el agua?"). Los oradores populares también utilizan el humor para aligerar el ambiente, sobre todo al principio o en la mitad de la presentación. Expresarse con el cuerpo es difícil cuando estamos frente a una pantalla. Los profesores que se ponen de pie para impartir una clase *online* dicen que así esta tiene más energía y que ellos pueden expresarse de una manera más abierta y amable con las manos y los brazos. La neurocientífica Jill Bolte Taylor puso todo de su parte para transmitir su paz interior y su alegría, su nirvana. Cerraba los ojos, bajaba la voz, movía los brazos, las manos, la cabeza y el

89. Cui Chunyu y Timothy K. F. Hew, *Waking Up the Audience: An Analysis of 10 Most-viewed TED Talks Across 5 Subject Disciplines*, 2019.

cuerpo con calma mientras contaba su experiencia. Con lágrimas en los ojos.

Antes de empezar

1. Prepara un espacio visual que estimule e inspire la comunicación profesional. Elige cuidadosamente el fondo. Las cestas de ropa sucia desordenadas o las pilas de libros y carpetas entorpecen la comunicación y boicotean tu deseo de parecer profesional. Los fondos virtuales pueden funcionar bien, pero en contextos profesionales se deben evitar fondos potencialmente graciosos que distraigan de la presentación. Asegúrate de tener una iluminación frontal adecuada (no desde atrás, porque entonces serás una silueta). La cámara debe estar a la altura de tus ojos o un poco más arriba. Puede que tengas que poner libros debajo de la computadora o ajustar la silla. Si te pones de pie, te sentirás con más energía. Elige un encuadre para que el público pueda verte desde el pecho para arriba; no te acerques demasiado, pero tampoco te quedes muy atrás.

2. Comprueba el equipo de antemano. ¿Funcionan las herramientas que quieres utilizar? ¿La cámara? ¿El micrófono? ¿El programa que vas a utilizar para reproducir la presentación?

3. Vístete como si la presentación fuera a tener lugar en un espacio físico. El atuendo que lleves te predispone a rendir y el público notará que estás preparado.

4. Puedes recibir a tu público con una imagen de bienvenida a pantalla completa. Da la bienvenida a los

participantes, diles que empezarás a la hora en punto y ofrece otro tipo de información, por ejemplo, pídeles que tengan la cámara encendida, pero el micrófono apagado.

Cuando empieces

5. Da la bienvenida a los participantes. Puedes asegurarte de que el sonido y la imagen funcionen, pero no le dediques demasiado tiempo. Incluso digitalmente, es necesario enganchar a la audiencia mediante una introducción que despierte interés. ¿Una pregunta? ¿Una anécdota? ¿Una cita divertida? Después puedes presentarte y contar lo que va a suceder.

6. Mira directamente a la cámara tanto y tan a menudo como puedas. Eso generará una conexión con los oyentes, que sentirán que los estás mirando. Si miras al escritorio o a la pantalla, perderás el contacto con ellos. Consejo: pon una foto de tu mejor amigo justo encima de la cámara y dirígete con él.

7. No estás en el escenario, pero el público desea encontrarse con una persona llena de energía y entusiasmo, con ganas de comunicar. Usa la voz y deja que el cuerpo te ayude. Usa las manos con energía. ¡Sonríe! Y no tengas miedo de ser un poco teatral.

8. Habla más despacio de lo que haces habitualmente en las presentaciones presenciales y haz pausas de vez en cuando para que el público pueda orientarse, por ejemplo, antes de que cambies de tema o repitas una idea. A nadie le gusta escuchar a alguien que está leyendo un guion.

9. En una presentación digital, solo las excepciones consiguen mantener la atención durante mucho tiempo. Siempre que se pueda, conviene hacer pausas durante nuestro monólogo. Cuando pasen diez minutos, ha llegado el momento de variar: plantea una pregunta abierta que se pueda responder en el pleno, divide a los oyentes en grupos de debate, haz una encuesta. Pide a tus oyentes que hagan preguntas, ya sea de forma directa o en el chat.

10. Las presentaciones en PowerPoint y los videos pueden crear variación, siempre que el contenido sea relevante y respalde lo que estás presentando oralmente.

11. Piensa que la cámara y el micrófono están encendidos siempre. Así evitarás que suceda lo que ya has visto en otras ocasiones, que la persona que presenta cree que no se la oye y dice cosas que no deberían decirse en público. Por otra parte, aprende a encender y apagar el micrófono y la cámara rápidamente, por si fuera necesario.

12. Las cosas pueden salir mal por muy preparadas que las tengas. No eres capaz de compartir la pantalla a pesar de que hace diez minutos funcionaba. Respira con tranquilidad, dile al público que necesitas hacer una pausa para organizar las cosas. Te entenderán y querrán que todo salga bien.

Cuando termines

13. Pide opiniones al público y hazte una autoevaluación más tarde, a poder ser viendo la grabación del video.

Descifra el código
Los tres mejores consejos de un experto
de la comunicación online

El psicólogo Jan-Martin Berge es un conferenciante muy solicitado y ha sido nombrado orador del año en Noruega. PsykologBerge seguramente sea la persona noruega que más conferencias digitales impartió durante la pandemia. Ha practicado mucho.

¶ GRUPO OBJETIVO Y PREPARACIÓN. Me imagino de manera vívida al público ante el que voy a hablar: quiénes son, dónde están, cuál es el encargo y con qué quiero que se quede mi grupo objetivo. Las charlas digitales se resumen en una sola cosa: mi público.

¶ HAZ UN ESQUEMA. Tengo una tabla al lado de la cámara donde he anotado las palabras clave y titulares de toda la conferencia, que no debe durar más de treinta o cuarenta minutos. El público tiene una atención digital limitada. La tabla me da seguridad y una valiosa visión de conjunto, y gracias a ella consigo que la presentación sea coherente y tenga un hilo conductor.

¶ CIEN POR CIEN PRESENTE, CIEN POR CIEN REAL. "Tienes que trabajar con la cámara", me dijo una vez el artista Rune Rundberg. Miro a la cámara sin parar, me imagino que hay una persona ahí dentro y quiero llegar a la mente y el corazón de esa persona que me escucha. La mirada y el lenguaje gestual son decisivos. Tengo que estar cien por cien presente. No mover tanto las piernas, pero sí gesticular y usar la expresión de la cara y distintos tonos de voz. ¡Variación! No hace falta que sea perfecto, pero tiene que ser cien por cien humano y real.

Los consejos de Aristóteles para hacer una presentación en PowerPoint

EL POEMA "EL APRENDIZ DE BRUJO" trata de un aprendiz que crea herramientas mágicas que le facilitan el trabajo. Aun así, todo sale mal. Las herramientas mágicas se hacen con el poder y el infierno se desata. El poema podría haber tratado de una presentación en PowerPoint, pero no. Lo escribió el autor alemán Johan Wolfgang von Goethe en 1797.

Antes aún, para los retóricos de la Antigüedad, lo único que contaba era la palabra hablada. El lenguaje escrito aún importaba poco, y no se prestaba atención a lo visual. O eso decían. Se suponía que la retórica era el arte de convencer con el discurso.

Sin embargo, de manera indirecta, de los textos antiguos puede interpretarse que el orador también debe pensar en imágenes, pues los filósofos y retóricos antiguos coincidían en que la comunicación oral funciona mejor si el público consigue imaginar lo que se le está transmitiendo con palabras. Aristóteles escribió sobre el poder que tienen las imágenes en nuestros ojos. Cicerón escribió que de todos los sentidos el más agudo es el de la vista y que lo que percibimos por los oídos o a través de la reflexión se retiene más fácilmente si también se transmite a nuestra mente a través de la vista. Quintiliano dice que la retórica no alcanza su pleno efecto si no se presenta visualmente de una manera vívida. El profesor Jens E. Kjeldsen ha dedicado un libro entero a lo visual en la retórica antigua y a la retórica en lo visual.[90] Una idea central es que la manera de pensar de la retórica es independiente del medio, y Kjeldsen señala que, en la época griega, los oradores se formaban para apelar usando lo visual de tres maneras: para describir (*descriptio*), para evocar con palabras (*evidentia*) y para presentar objetos y personas al público.

En la retórica clásica, las imágenes lingüísticas son una de las pruebas más sólidas del patetismo. ¿Qué recuerdas de tus clases de religión en la escuela primaria? Seguro que te vienen a la mente imágenes de dos peces y cinco panes, de Jesús caminando sobre las aguas y clavado en la cruz. Puede que algunas ilustraciones te ayudaran a visualizarlo, pero principalmente lo que creó estas imágenes fueron palabras.

Hoy en día, los programas para hacer presentaciones facilitan la tarea. PowerPoint (PPT) es la herramienta más utilizada por todas las personas que hacen presentaciones orales, y los programas ofrecen oportunidades de comunicación visual que hace tan solo unas décadas apenas podíamos imaginar, a través de sonidos e imágenes que están a la vez muertos y vivos. ¿Cómo podemos usar mejor las herramientas visuales? La respuesta es, ante todo, que tenemos que hacer precisamente eso: usar

90. Jens E. Kjeldsen, *Tale med billeder – tegne med ord. Det visuelle i antik retorik og retorikken i det visuelle*, Scandinavian Academic Press / Spartacus forlag, 2011.

PowerPoint y otros programas como ayuda para complementar el texto. Así podrán resultarnos útiles.

El uso inconsciente de programas de presentación empeora la experiencia para todas las partes implicadas. Las diapositivas pueden desviar la atención del orador si se presentan demasiado rápido y contienen demasiadas palabras. Lo peor es cuando las diapositivas son el guion y las notas de emergencia del orador, cuando todas las diapositivas están llenas de texto a tamaño 14 que el orador lee dando la espalda al público mientras considera que su tarea principal es pasar lo más rápido posible por 107 diapositivas en quince minutos, sin detenerse ni un segundo a mirar al público a los ojos, en lugar de integrarlas en el discurso.

Un orador de este tipo es un orador egocéntrico, que utiliza el PowerPoint para facilitar su trabajo en lugar de preguntarse qué beneficiaría a sus oyentes. En cualquier comunicación retórica oral, tienes que mirar al público. Una charla es un acontecimiento social donde el orador y su público han de estar conectados, y donde el orador y sus palabras son lo más importante. Como orador, tienes que practicar el arte del momento, aprovechar la ocasión y así obtener la máxima puntuación en materia de *ethos*.

Pero igual que sería ridículo acusar a un zorro de comportarse como tal, no tiene sentido criticar PowerPoint por ser un programa con plantillas y patrones fijos, un sistema que recomienda presentar asuntos complejos a través de listas de puntos, con la mar de posibilidades para incluir efectos que hacen que las imágenes salgan y entren por los laterales de las diapositivas. Si no tienes nada que decir, una presentación visual puede ayudarte a decirlo de una forma más espectacular.[91]

¿QUÉ PUEDE APORTAR EL POWERPOINT?

¿Cómo habría diseñado y utilizado Cicerón una diapositiva? Seguramente habría seguido el primer mandamiento de todo orador: ¡piensa en términos retóricos!

No empieces tu preparación pensando: "¡Voy a hacer un PowerPoint!". Rellena el triángulo retórico con el objetivo, el contexto, el público y tu mensaje principal. Piensa si una herramienta visual podría reforzar y complementar tus palabras. Y no tienen por qué ser diapositivas. ¿Puedes mostrar algo? ¿Una imagen? ¿Un libro? ¿Una prenda? ¿Un instrumento musical? Si puedes bailar una idea, hazlo. Canta si sabes hacerlo. ¡Explota tus virtudes y cualidades únicas!

Preparar una presentación oral no es lo mismo que preparar una presentación de diapositivas, pero si piensas que el público percibirá, entenderá y recordará mejor tu mensaje oral así, puedes usar diapositivas siempre que la situación, el género, el lugar, el tiempo y el lugar (¡el contexto!) lo permitan. A veces tiene sentido. Otras veces no. No uses nunca un PowerPoint en un discurso formal y protocolario, aunque las parejas cada vez lo usan más cuando dan discursos en su boda (y algunas creen que la cosa consiste en mostrar tantas fotos como sea posible). A menudo, el mensaje convence más solo con palabras,

---

91. Jens E. Kjeldsen, "The Rhetoric of PowerPoint", en *International Journal of Media, Technology and Lifelong Learning*, 2006.

gestos y mímica. Incluso en las charlas TED,[92] una tercera parte de los oradores hacen sus presentaciones sin herramientas visuales.

Sin embargo, muchas veces está bien usar un PowerPoint.

¶ Las diapositivas pueden reforzar tu *ethos,* porque muestran que te has preparado en condiciones y que te tomas en serio a tu público.

¶ Las diapositivas pueden reforzar la argumentación del *logos;* el hemisferio izquierdo del cerebro trabaja de forma lingüística y analítica, mientras que el derecho trabaja de forma visual y holística. ¿Tienes curvas, diagramas y gráficos que quieras comentar? ¿Modelos? ¿Algo más que pueda mostrar, aclarar y simplificar conexiones, contextos y relaciones causales? Algunos temas, en el campo de las ciencias naturales, por ejemplo, son especialmente aptos para el apoyo visual.

¶ Las diapositivas con fotos pueden jugar con los sentimientos del público y satisfacer el antiguo requisito retórico de explicar y reforzar los mensajes presentando los acontecimientos y las circunstancias como si el público fuera testigo de lo que se está mostrando.

¶ Las diapositivas pueden aportar variación. Otra opción es presentar la introducción y la conclusión sin apoyo visual y utilizar un PowerPoint para la parte central del discurso.

92. Ted Talks (<www.ted.com>) es un tesoro si buscas información sobre cómo ser un mejor orador y comunicador.

Los apoyos visuales han de tener una justificación retórica y deben seguir los principios para el aprendizaje a través de varios medios.[93] La psicología cognitiva afirma que percibimos, interpretamos y recordamos los mensajes verbales a través de dos canales: el visual (mediante la vista) y el auditivo (con el oído). Como oradores, podemos jugar con ambos canales. Las diapositivas que incluyen fotos proporcionan al público un aprendizaje reflexivo y activan el procesamiento de la información. Y, además, el público disfrutará de una experiencia agradable.

Para evitar que tu público se pierda en los detalles, debes trazar el panorama general al principio y a lo largo de la presentación y explicar cómo has organizado el material. Las investigaciones también muestran que la distancia entre la información verbal y la no verbal debe ser corta tanto en el tiempo como en el espacio. Por lo tanto, coloca cualquier texto que quieras incluir en tu presentación de PowerPoint cerca de la imagen o gráfico correspondiente y habla sobre lo que está proyectado mientras el público lo mira. Destaca oralmente lo importante, porque el público retiene mejor las palabras si las

93. Joanna K. Garner y Michael P. Alley, "How the Design of Presentation Slides Affects Audience Comprehension: A case for the Assertion-Evidence Approach", en *International Journal of Engineering Education,* 2013; Richard E. Mayer y Roxana Moreno, "Nine Ways to Reduce Cognitive Load in Multimedia Learning", en *Educational Psychologist,* 2010; Baker, Goodboy, Bowman y Wright, "Does Teaching with PowerPoint Increase Students' Learning? A Meta-Analysis", en *Computers & Education,* 2018; LeFebvre, Parson, Entwistle, Boyd y Allen, "Rethinking PowerPoint Slide Design for Multimedia Learning", en *Journal of Educational Technology Systems,* 2022.

escucha que si las ve en la pantalla. Usa flechas y otras herramientas visuales que faciliten que se entienda lo que dices. En general, debes crear diapositivas sencillas que contengan solo lo más importante. Escribe unas pocas palabras y desecha toda la información innecesaria y los elementos que distraigan la atención. Borra las imágenes que puedan generar risas indeseadas, las que sean irrelevantes y los emoticones.

Una gran cantidad de información tanto oral como visual necesita pausas. El público debe tener la ocasión de digerir el contenido.

La investigación y el conocimiento basado en la experiencia nos brindan consejos claros para un uso eficaz de los programas visuales, pero hay dos preguntas que generan desacuerdo: ¿deberíamos leer el texto en la pantalla? y ¿deberíamos utilizar listas con puntos?

En primer lugar: un punto de vista es que lo que se dice verbalmente debe complementar lo que se muestra en la pantalla, pero no ser idéntico. O sea que no tienes que leer el texto de la pantalla. El motivo es que se corre el peligro de sobrecargar la capacidad del cerebro para recibir información. Por el contrario, se podría argumentar que leer el texto en voz alta refuerza y enfatiza las ideas, y el público las percibe, comprende y recuerda mejor. Además, evita que tu audiencia tenga que elegir entre escucharte o leer el texto. En la práctica, el dilema puede resolverse con una opción con la que nadie está en desacuerdo: reduce al mínimo la cantidad del texto de las diapositivas y expresa el contenido oralmente, pero deja tiempo para que el público lea el texto de la pantalla antes de profundizar en él y desarrollarlo y explicarlo oralmente. Puede ser que lo que elijas escribir en grande en las diapositivas sea tan importante que decidas leerlo en voz alta, incluso varias veces. Eso hacía el legendario CEO de Apple Steve Jobs, y eso sigue haciendo su empresa cuando presenta productos nuevos. Cuando en 2022 Apple iba a presentar el nuevo diseño de su MacBook Air, mostraron una imagen de la computadora junto a un texto: "La portátil más vendida del mundo". Unas pocas palabras en medio de una diapositiva, junto a una imagen del producto mientras el CEO de la empresa leía el texto. El público vio el mensaje principal, lo leyó y lo escuchó. El secreto está en usar esta técnica solo con lo más importante: cifras, aclaraciones, soluciones, consecuencias u otras ideas que nos gustaría que el público se llevara consigo. Por ejemplo: ¿cuántas veces has recordado más de tres ideas de un discurso cuando llegas a casa y te pones las pantuflas?

En segundo lugar: las listas de puntos funcionan cuando son eso mismo: listas. Sin embargo, las listas de puntos se han convertido en el objetivo más popular para aquellos que quieren enviar presentaciones de PowerPoint al cementerio de la tecnología. Los críticos argumentan que los puntos proporcionan información escasa que no transmite coherencia ni profundidad y que son perjudiciales para los oradores que intentan contar una historia coherente. El director de las charlas TED, Chris Andersen, dice que ya que en inglés las listas de puntos comparten nombre con las balas, habría que dejárselas al padrino.

¿Cuál es la solución? Aquí también podemos escuchar a Aristóteles, que nos enseñó el principio de "todo con moderación". Una mínima parte de las diapositivas deben contener listas de ideas, tan pocas como sea posible. Y cada diapositiva debe contener una sola idea. Las listas de puntos pueden usarse para enumerar los aspectos importantes de esa idea.

EL POWERPOINT EN LA PRÁCTICA

1. El PowerPoint es un medio visual que tiene como objetivo apoyar la percepción, la comprensión y la memoria del público. El PowerPoint debe estar sujeto a la lógica de lo que dices oralmente (y no al revés; las diapositivas no pueden ser el canal a través del cual construyes tu discurso).

2. Haz diapositivas sencillas y limpias. Una idea en cada diapositiva, generalmente una imagen, y en un momento dado, unas pocas palabras. Elimina todo lo que no aporte información de calidad a tu audiencia. Esto se aplica también a los nombres, los logos y otra información similar.

3. Busca fotografías, gráficos y otros elementos visuales de calidad. Asegúrate de tener permiso para usar las imágenes[94] e indica la fuente en letra pequeña en el pie de foto o en la parte inferior derecha (12-14 puntos).

4. Las diapositivas de la pantalla sirven para mostrar procesos, relaciones, causas y consecuencias y conexiones complicadas. Añade gráficos impactantes. Unos clips cortos de audio o video pueden aportar variedad y ofrecer información adicional.

---

94. Algunos bancos de imágenes gratuitas: The Noun Project (<https://thenounproject.com>), Unsplash (<https://unsplash.com>) y Pexels (<https://www.pexels.com>).

5. Limita la cantidad de diapositivas en las que incluyas listas de puntos.

6. Incluye preguntas en tu PowerPoint, así podrás generar debate y fomentar la resolución de problemas. Chris Andersen, de TED, dice: "No escribas: 'Un agujero negro es tan enorme que la luz no puede salir de él'. En lugar de eso, escribe: '¿Cómo de negro es un agujero negro?'". Así despertarás la curiosidad del público y además generarás diálogo.

7. Si vas a hablar mucho tiempo y a ofrecer un montón de información, puede ser conveniente repartir folletos con un esquema (sencillo) y palabras clave para mostrar cómo has organizado la presentación. En el folleto también puedes incluir copias de algunas de las diapositivas más importantes. Los bloques de texto largos no funcionan si se proyectan. Mejor pégalos en el folleto y léelos en voz alta. Puedes dejar algo de espacio en blanco para que tus oyentes tomen sus propias notas.

8. Desactiva la presentación cuando no tengas diapositivas relevantes. La forma más fácil es pulsar la letra B en el teclado. Cuando quieras volver a mostrar las diapositivas, pulsa cualquier tecla.

9. No escribas "gracias por su atención" en la última diapositiva. ¡Dilo!

PREPARA LA TECNOLOGÍA

Todas las herramientas digitales que utilicemos conllevan el riesgo de que suframos fallos técnicos. Prepáralo todo de antemano. Aclara los aspectos técnicos con el organizador, lleva tu presentación en tu propia computadora y en un USB (y también en papel, por si todo sale mal) y envíasela al organizador con antelación. La ley de Murphy parece aplicarse especialmente a las presentaciones en PowerPoint en circunstancias nuevas. Todo lo que pueda salir mal saldrá mal en el peor momento posible. Por eso, conviene seguir el consejo *never expect, inspect* [nunca esperes, inspecciona], es decir, no dejar nada librado al azar y además asegurarse de tener un plan B y un plan C (sin PowerPoint). Si tu presentación también incluye detalles como animaciones o videos, ¡presta especial atención! Lo que en tu casa funciona no tiene por qué funcionar en una sala de reuniones en la que tienes que salir a brillar al escenario.

¶ Escoge un fondo sencillo que no varíe durante la presentación. Un fondo blanco con el texto en negro es fácil de leer y se puede usar sin miedo. Algunos también recomiendan fondos azules para presentaciones en las que queremos parecer serios; la psicología nos dice que percibimos el azul como un color serio.

¶ Usa una tipografía que resulte fácil de leer en pantalla, es decir, una tipografía *sans-serif,* como por ejemplo Arial, Helvetica o Tahoma. Usa la misma tipografía a lo largo de toda la presentación. El tamaño tiene que facilitar que los espectadores de la última fila lo puedan leer.

¶ Evita las combinaciones de color que dificulten la legibilidad, como un texto amarillo claro sobre fondo rosa.

¶ Busca ilustraciones de calidad. Asegúrate de que la resolución sea suficientemente buena.

¶ Piensa dónde vas a ubicarte. Tienes que estar cerca de la proyección, pero no justo delante. Y no te escondas detrás de la mesa donde está la computadora. Ten siempre en la mano un control remoto que te permita pasar las diapositivas. Así podrás moverte con mayor libertad por el escenario. Asegúrate de antemano de que funciona.

MÁS QUE POWERPOINT. PIZARRA Y TIZA

En este capítulo, el término PowerPoint se utiliza como sinónimo de presentación visual. Existen otros programas en el mercado. Prezi nos permite hacer unas presentaciones que recuerdan a mapas mentales, que puedes acercar y alejar para pasar de una imagen general a los detalles.

Las pizarras han gozado de gran prestigio desde que Dios entregara los Diez Mandamientos a Moisés grabados en tablas de piedra. Hoy en día, no se deben subestimar como medio visual, especialmente si van acompañadas de una tiza. Al escribir (¡un poco!) o dibujar en la pizarra, la presentación se vuelve más auténtica: esto está sucediendo aquí y ahora, y eres tú quien lo está comunicando con sus propias manos. Tu *ethos* se ve reforzado. Como el público tiene la oportunidad de estar presente durante todo el proceso, le da tiempo a respirar y sigue tus razonamientos a medida que esbozas un esquema.

Algunas visitas a la pizarra pueden ser una alternativa al PowerPoint o servir como complemento a las diapositivas. Una opción es dibujar el contexto general en la pizarra al principio de la presentación, por ejemplo, como un mapa mental que tener de fondo durante la presentación. Cada vez que pases de un elemento principal a otro, puedes mostrar la transición en la pizarra.

Si no hay pizarra ni tizas en la sala, también se puede usar un rotafolio con hojas grandes, aunque ese formato es menos práctico en espacios amplios.

Pero ¿qué piensan los jóvenes de la pizarra y la tiza? En 2022, se pidió a 144 estudiantes de medicina que evaluaran una clase en la que el profesor usaba pizarra y tiza en comparación con otra en la que se había recurrido a una presentación de PowerPoint.[95] El 60 % prefirió la pizarra. El 40 % restante, el PowerPoint. Un dato igualmente interesante es que cada uno de esos métodos funcionaba mejor en áreas diferentes:

¶ Los estudiantes opinan que las clases con pizarra y tiza son interesantes e interactivas, se prestan a la resolución de problemas y a la comprensión y priorizan lo más importante de la lección, con claros mensajes que los alumnos pueden llevarse consigo.

¶ Las presentaciones con diapositivas obtienen la puntuación más alta en lo que respecta a la calidad de los gráficos y diagramas de flujo, permiten cubrir múltiples temas en cada lección y son más eficientes a la hora de mostrar ejemplos de casos concretos.

95. Rajanish Kumar Sankdia, Pawan Gupta, Shashi Marko y Lily Dubey, "An Observational Cross-Sectional Study to Evaluate the Preference and Perspectives of Undergraduate MBBS Students' Regarding Audiovisual Aids – Chalk and Board versus PowerPoint Presentation", en *National Journal of Physiology, Pharmacy and Pharmacology Online*, 2022.

La mayoría de los estudiantes respondió también a una pregunta abierta. Los estudiantes nos pidieron a que quienes usamos presentaciones de diapositivas que tuviéramos en cuenta lo siguiente: la iluminación de la sala ha de ser adecuada, la letra debe tener un tamaño suficiente, el fondo de las diapositivas ha de ser blanco, las diapositivas no deben incluir demasiados elementos y el orador ha de explicar lo que se está proyectando. Para quienes preferían la pizarra y la tiza, los estudiantes tenían los siguientes consejos: asegúrate de que haya luz suficiente, no uses tizas de demasiados colores y ESCRIBE EN LETRAS MAYÚSCULAS.

El estudio confirma que ningún método de visualización es mejor en todos los casos. La herramienta que elijamos depende del contexto, del público, del tema y del objetivo. ¡Y vuelta a empezar! Verás que un PowerPoint puede resultar útil para informar, explicar, dosificar y enseñar, pero es menos adecuado cuando el objetivo es complacer, por no hablar de cuando se trata de conmover. Si tienes que convencer a alguien, contar algo triste, darle buenas noticias o sacar un tema controvertido, no hay nada mejor que una conversación cara a cara.

Escribe para que tus palabras lleguen al público

LOS SERES HUMANOS LLEVAMOS seis mil años escribiendo. Al principio, tallábamos pictogramas en piedra. El alfabeto y el papel representan un salto cuántico. Hoy en día tecleamos con medios electrónicos y hemos vuelto a usar pictogramas :). Cada vez leemos más texto en pantallas y los *smartphones* se están convirtiendo en nuestro medio de lectura preferido. El cerebro solo necesita diecisiete milésimas de segundo para decidir si queremos leer aquello en lo que hemos hecho clic. Si el cerebro dice que no, pasamos a otra cosa. Dedicamos veintiséis segundos en promedio a leer un contenido. Los estudios que concluyen todo esto son estadounidenses, pero ¿deberíamos pensar que en otros sitios la gente es más paciente y persistente? Nuestra forma de leer también ha cambiado. Leemos más en diagonal que otra cosa, sobre todo en el trabajo. Si queremos que nuestra escritura tenga resultados, tenemos que adaptar nuestra manera de escribir.[96]

Escribir es una de las cualidades más valiosas del ser humano moderno, algo que nos distingue de los animales.

96. Jim VandeHei, Mike Allen y Roy Schwartz, *Smart Brevity*, Workman Publishing/Axios Media Inc., 2022.

Cuando los griegos inventaron su alfabeto más de sete-cientos años antes de Cristo, crearon lo que el sociólogo de medios Manuel Castells ha bautizado como la infraes-tructura de la comunicación acumulativa basada en el co-nocimiento, la base de la filosofía y la ciencia occidentales. La escritura abrió una serie de posibilidades de comunicar y almacenar información y, por lo tanto, conformó las ba-ses de una civilización moderna con democracia, sistemas legales y una esfera pública con medios de comunicación de masas y literatura.

Al principio, la palabra escrita se consideraba un registro de la palabra hablada, y los textos antiguos se leían exclusivamente en voz alta. La lectura silenciosa fue desconocida hasta mucho después del nacimiento de Cristo, pero, con la llegada de la Edad Media, el lenguaje escrito empezó a considerarse un medio para transmitir información directamente a la mente a través de la vista. Isidoro de Sevilla (560-636) fue el primer defensor de la lectura silenciosa, porque decía que ayudaba a compren-der y memorizar el texto, y además resultaba un ejerci-cio menos cansador.

Los escribas medievales desarrollaron la lengua es-crita. La gramática, la retórica y la lógica se encontraban entre las siete artes liberales de la Alta Edad Media, y la más importante de todas era la gramática.

La palabra escrita fue importante desde la primera letra, pero el asunto despegó de verdad cuando Johannes Gutenberg (1395-1468) creó lo que la posteridad ha con-siderado la invención más significativa del último mile-nio: la imprenta. En la década de 1960, Marshall McLuhan describió la transición de la palabra escrita a la impresa como la puerta de entrada a una era Gutenberg que ha perdurado hasta nuestros días y que todavía sigue vigente, aunque ahora bajo una fuerte presión digital. McLuhan opinaba que el libro fue a los ojos lo que la rueda fue a los pies. Uno de sus aforismos más populares es que el medio es el mensaje: las consecuencias sociales de los cambios en el sistema de transporte de información son mayores que las consecuencias del mensaje.

La imprenta sentó las bases para la producción y distribución de pensamientos, palabras y opiniones a un ritmo y en unas cantidades que Europa no había visto hasta entonces. Los textos ya no tenían que escribirse individualmente y, por lo tanto, no había necesidad de transmitirlos de uno en uno. Para que esto fuera posible, también se hizo necesario estandarizar la presentación visual del texto, y el resultado debía presentarse de forma que pudieran leerlo en silencio lectores anónimos que no tenían a mano un sacerdote que pudiera ayudarlos a comprenderlo. Por lo tanto, había llegado el momento de perfeccionar aún más el lenguaje escrito mediante la estandarización de la puntuación. El editor veneciano Aldo Manuzio se puso manos a la obra y en 1494 estampó las primera comas y puntos y coma. Su editorial también publicó una guía de puntuación que refinó aún más el lenguaje escrito.

En la Antigüedad, las autoridades de la Iglesia habían supervisado cómo tenía que escribirse la Biblia. A través de signos de puntuación que indicaban la manera adecuada de leer la Biblia en voz alta, los líderes de la Iglesia decidían la interpretación correcta de los textos. Este monopolio de la interpretación desapareció cuando los libros empezaron a producirse en masa. Ahora cualquiera podría establecer su propia relación individual con

Dios. Lutero supo aprovechar esa nueva tecnología. La ética protestante que él representaba, junto con la economía de mercado, se convirtió en el motor del desarrollo de la Europa occidental y septentrional.

La lengua escrita basada en el alfabeto nació hace dos mil setecientos años. Gracias a pequeños y grandes cambios, se ha convertido en una herramienta cada vez mejor. A través de la escritura, podemos comunicar con precisión y eficacia lo que pensamos, y lo que es más: la escritura es una herramienta para el pensamiento. El científico de medios Anders Johansen describe el lenguaje escrito como una tecnología del pensamiento, y el científico social Ottar Brox afirma: "No sabes lo que has estado pensando hasta que lo escribes".[97] La escritura es, pues, mucho más que un trasvase de ideas al papel o a la pantalla. Cuando escribimos, desarrollamos nuevas ideas, reflexiones y razonamientos. Escribimos nuestras ideas cuando convertimos la escritura en una herramienta para pensar con más claridad, sabiduría y valentía.

En una sociedad moderna, la alfabetización, es decir, el dominio de la tecnología del lenguaje, es un requisito para participar en la vida laboral y ser un ciudadano activo, así como para nuestro desarrollo individual y cultural. Por eso, la escritura es una destreza fundamental en todas las materias escolares, y por eso también conviene reforzar la cultura de la palabra escrita en la vida laboral. A esto se suma lo que Cicerón señaló hace dos mil años y lo que los educadores confirman hoy: si quieres mejorar tus presentaciones orales, ¡escribir es la clave del éxito!

97. Anders Johansen, *Skriv!–håndverk i sakprosa,* Spartacus, 2009, p. 17.

CINCO REQUISITOS

Escribimos más que antes, pero cada vez escribimos menos en papel. La comunicación electrónica nos posibilita comunicarnos de forma rápida y precisa. La comunicación escrita mediante mensajes breves a través de servicios de mensajería digital es eficaz. Aun así, al escribir, no podemos reaccionar inmediatamente para corregir malentendidos y debatir sobre lo escrito. La comunicación cara a cara también conlleva mensajes a través del lenguaje corporal que matizan, aclaran y expanden lo que decimos con palabras. Por eso la palabra escrita no sirve para todo y cuando escribimos se nos exige que lo hagamos con calidad.

1. Escribe con corrección gramatical y ortográfica. Un lenguaje impecable promueve una comunicación eficiente, mientras que la falta de precisión dificulta la comunicación y erosiona tu credibilidad profesional. Para los lectores que no te conocen, eres lo que escribes. Por eso debes tener precaución. Escribe oraciones en las que los verbos en voz activa hagan el trabajo. Y apréndete las cinco reglas de puntuación más importantes. No te llevará más de diez minutos. ¿La gramática te resulta árida y pesada? La palabra "*glamour*" es una variante escocesa de la palabra gramática, de la época en la que el aprendizaje se asociaba con algo mágico y con encanto. Los libros en latín eran incomprensibles para la mayoría de la gente y se consideraban brujería. Y la verdad es que no hay nada que objetar a la estrecha relación entre las palabras "*glamour*" y "gramática", porque es sencillamente espectacular

que un conjunto de reglas nos permita unir unas cuantas letras para formar un número infinito de oraciones que contienen pensamientos, opiniones y creencias. Hoy en día tenemos aplicaciones en el móvil. El profesor de Harvard Steven Pinker dice que la gramática es la *app* primigenia. Si vas a romper las reglas del lenguaje normativo, has de tener una razón peso, según la máxima de Picasso: "Aprende las reglas como un profesional, para que puedas romperlas como un artista".

2. Escribe con claridad. Escoge palabras cortas y sencillas para que tus lectores comprendan el mensaje. Si tienes pensado usar términos técnicos que tu público desconoce, explícalos. Evita las abreviaturas y la jerga que solo manejan los expertos en tu campo. Escribe oraciones sencillas y en voz activa en las que se indique quién hace qué (más adelante, puedes leer más cosas sobre lo que dice la neurolingüística al respecto). El superinversor estadounidense Warren Buffett escribe una carta anual a sus accionistas. Cuando escribe, piensa en dos personas: sus hermanas Doris y Bertie. Son inteligentes, pero no tienen ningún interés por las acciones. Buffett escribe pensando en que sus hermanas puedan entender la carta. Al terminar, tacha "queridas Bertie y Doris" y, en lugar de eso, escribe: "A los accionistas de...".[98]

3. Escribe con un estilo, un tono y un contenido que se adecúen al contexto, al receptor, al objetivo y al mensaje.

98. Carmine Gallo, *The Bezos Blueprint: Communication Secrets of the World's Greatest Salesman*, St. Martin's Press, 2022.

4. El cuarto requisito para la retórica es comunicarse con elegancia y con adornos lingüísticos. Este requisito también se aplica a formatos y géneros escritos de cualquier alcance. En la acelerada comunicación diaria, casi nunca hay opción de dedicar energía a ser elegante (¡pero te invito a que lo seas). Por el contrario, hay un quinto requisito que se aplica incondicionalmente…

5. ¡Sé breve! "Disculpen la extensión de mi escrito. No me ha dado tiempo a ser más breve". Esta frase se atribuye a diversas fuentes, desde Cicerón y Blaise Pascal hasta Goethe, H. C. Andersen, Mark Twain y Henrik Ibsen. Sea como fuere, el mensaje es que escribir textos breves, claros y concisos es tan difícil como importante. Tenemos que intentarlo, especialmente en la vida laboral, donde muchas situaciones, canales y géneros requieres que nos ahorremos la palabrería y vayamos directos al grano. La tabacalera Phillip Morris solía mostrar su desprecio a la verborrea. En sus anuncios se señalaba que era posible ser breve: el principio de Arquímedes (sesenta y siete palabras), el teorema de Pitágoras (veinticuatro palabras), la Declaración de Independencia de los Estados Unidos (trescientas palabras). ¿Y la legislación europea sobre cuándo y dónde pueden disfrutar de un cigarrillo los fumadores? ¡Veinticuatro mil novecientas cuarenta y dos palabras!

Cuando editas un texto antes de publicarlo, gran parte del trabajo consiste en recortar palabras, frases y párrafos. Los lectores tienen una capacidad limitada, y tú, como emisor, tienes el poder de elegir a qué ideas deben prestar más atención y cuáles deben recordar. No cuentes las palabras, haz que las palabras cuenten.

Los cuatro o cinco consejos de la Antigüedad no han caducado. Ni siquiera tienen una fecha de consumo preferente. Su consumo preferente es siempre ahora mismo. En el presente, la investigación neurolingüísitca ha confirmado las enseñanzas de la Antigüedad. Nuestro cerebro quiere que escribamos así, con las cinco ces:[99]

Claridad

¶ Escribe en voz activa. "Asignamos el dinero", en lugar de "se hizo la asignación" o "una asignación fue realizada".

¶ Escribe el sujeto cerca del principio de la oración y cerca del verbo.

Coherencia, fluidez y continuidad

¶ Construye puentes entre oraciones con ayuda de nexos o conectores (por lo tanto, es decir…).

¶ Las frases breves favorecen el ritmo adecuado y la comprensión del texto.

¶ Comienza cada fragmento con un titular que diga lo que está por venir: tema, relevancia, significado.

Cadencia

¶ Varía la estructura y la longitud de las oraciones.

99. Yellowlees Douglas, *The Reader's Brain: How Neuroscience Can Make You a Better Writer*, Cambridge, 2016.

Concisión

¶ Elimina lo innecesario.

¶ Escoge palabras cortas y conocidas.

PLANIFICACIÓN: EL MISMO PROCEDIMIENTO

Cualquier comunicación escrita requiere planificación, pero a menudo puedes preparar la base de lo que vas a escribir en unos pocos segundos o minutos respondiendo a las cuatro preguntas del triángulo retórico: ¿para quién escribes? ¿Qué quieres conseguir? ¿Cuál es el contexto? ¿Cómo puedes formular el mensaje principal con pocas palabras? Dado que la escritura es permanente, también debes tener en cuenta si otras personas, además del destinatario, podrían leer lo que escribes. ¿Supondría eso una diferencia para la forma o el contenido de tu mensaje?

Lo siguiente que tienes que hacer también sigue las fases habituales de toda comunicación: asegúrate de tener información correcta y suficiente. Organiza el material. ¡Escribe! Mientras lo oral se transmite de manera instantánea, lo escrito permanece para siempre. Por eso has de aprovechar la ocasión que te brinda la comunicación escrita para pensar antes de pulsar el botón de enviar. Escribir es reescribir y hasta los mensajes más cortos mejorarán si los editas y los revisas.

ESTILOS DE ESCRITURA

Quienes dominan el lenguaje escrito consiguen que su mensaje llegue a la gente. Y se puede aprender a escribir. El autor sueco Olof Lagercrantz cree que decir que hay quien tiene una capacidad innata para la escritura es lo mismo que afirmar que hay personas con un talento innato para la carpintería. "La práctica, el trabajo, como en cualquier otro campo, es el único método seguro", escribe Lagercrantz.

Durante los últimos años, los textos que escribimos en el trabajo se han vuelto más informales, más orales y más personales. El distante lenguaje de oficina se ha sustituido por un lenguaje escrito más cercano al lenguaje hablado, pero que mantiene las mismas exigencias de claridad, lógica, coherencia y visión de conjunto que debemos imponer a la palabra escrita.

Un indicador que muestra los cambios es el uso de la pasiva refleja o el pronombre "uno". Hoy en día, percibimos estas expresiones como una forma de ocultarse. Si eres tú quien escribe, y lo haces en nombre propio, déjalo claro. Si escribes en nombre de una comunidad —por ejemplo, la empresa para la que trabajas—, déjalo claro. No es egocéntrico conjugar los verbos en primera persona del singular o del plural, es dejar claro quién opina qué. Hacerse cargo.

El modelo infalible de Aristóteles también se aplica a los textos escritos:

¶ La introducción expone de forma concreta y concisa el tema del texto. Debe captar la atención del lector, que a su vez debe comprender de inmediato adónde se dirige.

¶ La parte principal presenta el tema, ofrece argumentos, ideas y ejemplos.

¶ La conclusión resume el texto, sin introducir nuevas ideas. Pero asegúrate de que el lector sepa lo que tiene que hacer después de leer lo que has escrito.

A la mayoría de los textos también les vendría bien que nos inspirásemos en la manera en la que los periodistas comienzan sus artículos: ¡escribe lo más importante primero! Cuenta lo que quieres conseguir, por qué escribes, el núcleo de lo que está por venir. El principio periodístico de escribir primero surgió por necesidad. En Estados Unidos, durante la guerra de Secesión, hace ciento cincuenta años, las líneas telegráficas eran vulnerables. Para garantizar que las noticias más importantes llegaran a la redacción, la información se enviaba en orden descendente de importancia. Este principio se ha reconocido desde entonces como una buena técnica pedagógica para enseñar a escribir artículos basados en hechos. En un tiempo donde mucha gente compite por captar la atención de los lectores, es necesario actuar con rapidez para despertar el interés del destinatario. ¡Engancha al lector cuanto antes!

LOS ELEMENTOS BÁSICOS: TÍTULOS, PÁRRAFOS, SUBTÍTULOS, LISTAS DE PUNTOS

Tu texto debe despertar el interés del lector y mantenerlo hasta el punto final. El texto tiene que estar escrito de manera que el lector comprenda lo que escribes con toda la sencillez que permita el tema.

Una estructura clara que resulte visible al lector contribuye a que el texto se lea y se entienda.

Los titulares, la introducción, los párrafos, los subtítulos y las listas de puntos muestran cómo piensas y de qué trata el texto.

El titular: cómo crear un título que enganche

Los periodistas y los publicistas lo saben: el titular engancha a los lectores. El titular (que no es más que un título dicho en lenguaje técnico) tiene una tarea más: decirle al lector de qué trata el texto.

El título, pues, ha de transmitir lo más importante del texto de manera interesante. Es un ejercicio difícil, y no es casualidad que las grandes redacciones tengan empleados cuya tarea principal es la de pensar titulares. Cuando empieces a escribir tu texto, puedes ponerle un título provisional. Si finalmente lo descartan, al menos el esfuerzo te habrá obligado a reflexionar sobre el verdadero problema y cómo quieres presentarlo. Al editar el texto, probablemente descubrirás que el título puede redactarse de una forma más atractiva y precisa que la que sugerías al principio.

El escritor Lars Aarønæs opina que el principio lo es todo y que un buen titular ha de contener un verbo en voz activa y un sujeto (alguien que hace algo).[100] Mira los titulares de la BBC. Todos tienen un sujeto y un verbo: "La huelga de hambre continúa en Grecia".

La fórmula de Aarønæs para conseguir titulares impactantes es la siguiente: cifra o palabra catalizadora + adjetivo + palabra clave + promesa, pero no necesariamente en este orden.

Una palabra catalizadora es la que el lector usa para saber si el tema le interesa.

---

100. Lars Aarønæs, "Fang leseren!–håndbok for deg som skriver", en *Komma.no*, 2016.

Dos ejemplos de titulares según esa fórmula: "Las siete exigencias de Putin que afectarán a Noruega"; "Todo sobre el programa de entrenamiento secreto de Therese".

Los investigadores Linda Lai y Audun Farbrot han estudiado los titulares que mejor funcionan en Internet y han escrito un artículo en noruego sobre el tema: "¿Qué te lleva a hacer clic?".[101]

Ese es el tipo de titular que precisamente se encarga de que hagamos clic en el artículo. La pregunta funciona y además el titular resulta relevante a un nivel personal. La pregunta te la están haciendo a ti. ¡A ti y a nadie más!

Farbrot y Lai también presentan una lista de titulares que consiguen captar la atención de los lectores:

¶ Listas: "Cinco claves para un buen liderazgo".

¶ Predicciones: "Tu economía en 2026".

¶ Advertencias: "Una nueva gripe aviar llega a nuestro país".

¶ Soluciones: "Evita las garrapatas. Te decimos cómo".

¶ Secretos: "El secreto que se esconde tras el supercuerpo de las famosas".

¶ Soluciones rápidas: "Mejora tu memoria en cinco minutos".

¶ Conspiraciones: "Los políticos te ocultan información".

¶ Noticias inesperadas: "Las ventajas de tener sobrepeso".

101. Audun Farbrot y Linda Lai, "Hva får deg til å klikke?", en *BI*, 2013, disponible en <http://www.bi.no/bizreview/artikler/hva-fardeg- til-a-klikke-/>.

¶ Provocaciones: "Titulitis".

¶ Ofertas irresistibles: "Hazte rico en un tiempo récord".

¶ Preguntas: "¿Qué te lleva a hacer clic en un enlace?".

Es positivo que te inspires en los titulares de redactores profesionales para los que escribas tú mismo. Si no te leen, habrás desperdiciado tiempo y energía. El texto no alcanzará su objetivo.

Escribe un titular para todos tus textos y hazlo tan atractivo como el contexto y el género te permitan.

La introducción: la llave para todo lo demás

¡Viva! Has escrito un titular que ha motivado al lector a seguir leyendo. Ahora las primeras palabras deberían guiarlo en la lectura. Los periodistas llaman entrada a la introducción, porque ese primer párrafo nos da la bienvenida al texto. Para introducir el texto, tienes algunas frases a tu disposición. Después de leer la introducción, el lector debería saber por qué escribes y de qué trata el texto. Deberías escribir la introducción de tal manera que el lector comprenda que le conviene seguir leyendo.

¶ La introducción puede proporcionar un resumen conciso del texto.

¶ La introducción explica por qué escribes.

¶ La introducción puede responder a algunas preguntas clave, por ejemplo, a cuatro de las preguntas que debe hacerse un periodista: ¿quién? ¿Qué? ¿Dónde? ¿Cuándo?

La mayoría de las personas empieza a escribir por el principio, pero muy pocas deberían dejar que ese primer intento llegue al resultado final. Cuando escribimos, las primeras palabras suelen ser un calentamiento: escribimos para entrar en materia. El lector no tiene por qué acompañarnos en ese calentamiento. Por eso tiene sentido que edites la introducción cuando termines de escribir. Borra las primeras frases que escribas. Afina, elimina palabras, ve directo al grano: ¿qué es lo más importante?

El párrafo: una idea

Divide tu texto en párrafos, es decir, en un grupo de frases que traten de un mismo tema. Comienza el párrafo con esta pregunta, para que el lector vea lo que viene a continuación: ¿adónde vamos? Después profundiza en esa idea a través de detalles, ejemplos, explicaciones y advertencias, pero cíñete al objetivo del párrafo.

La longitud de los párrafos depende de la longitud del documento. Si escribes un texto que ocupe toda la pantalla, los párrafos deben ser cortos. Entre tres y ocho líneas son suficientes. En documentos más largos, los párrafos pueden ser de mayor longitud, pero cuidado con los textos gigantes y densos que intimidan al lector. No sé si somos más impresionables que los lectores de antaño, pero la tendencia general es que los párrafos sean más cortos que antes. Cuando leemos en una pantalla, echar un vistazo general es tan importante como leer, por lo que debes dotar al texto de una estructura que el lector entienda de inmediato.

Si un párrafo es más corto de lo normal, el contenido ha de ser extremadamente importante o extraordinario.

Títulos de sección: ahora viene esto

Los títulos entre párrafos nos dan una visión general y rápida del contenido del texto y ayudan al lector a comprender más fácilmente nuestra línea de pensamiento.

Estos títulos secundarios han de ser cortos (máximo de tres a cinco palabras) y en la mayoría de los casos deberían explicar objetivamente lo que está por llegar.

Listas de puntos

Usa listas para agrupar y presentar información sobre un mismo tema.

¶ Escribe frases completas.

¶ Comienza cada punto con un verbo en voz activa siempre que sea posible.

¶ Asegúrate de que todos los puntos estén redactados de la misma manera.

Lo principal es presentar el material de manera lógica. Puedo presentar una lista de países del mundo como esta: Chile, Bulgaria, Argentina, Uganda, Angola, Irán, Suecia, Canadá, Andorra, Uruguay, Japón, Brasil.

Si lo estructuro de esta otra manera, lo entenderás y lo recordarás mejor:

África: Uganda, Angola.

Europa: Bulgaria, Suecia, Andorra.

América del Sur: Argentina, Uruguay, Brasil.

América del Norte: Canadá.

Asia: Irán, Japón.

Más herramientas

Un título impactante, una introducción precisa, párrafos, subtítulos y listas de puntos ayudan a que el texto resulte atractivo y accesible. También tienes otras herramientas a tu disposición:

1. Facilita la información resumida y de forma precisa a través de listas de puntos.

2. Complementa el texto con fotografías, tablas y figuras.

3. Escribe pies de foto. Es preferible que digan algo distinto a lo que comunica el texto principal y lo que se indica claramente en la ilustración. Los pies de foto han de ofrecer información sobre el momento y el lugar en los que se tomó la fotografía, así como el nombre de las personas que aparecen en ella, otros datos necesarios para entender la imagen que acompaña al texto.

La conclusión: en resumen, ¿y qué?

Antes en el colegio te enseñaban a cerrar los textos con una conclusión. ¡Olvídalo! Debes presentar la conclusión al principio del texto, de ser posible en la introducción. Puedes utilizar la conclusión en un resumen muy breve, una repetición de lo que esperas que haga el lector o algunos detalles o advertencias menos importantes. El lector no debe quedarse pensando en cómo debería reaccionar a tu texto. ¿Debería responder? ¿Tendría que hacer algo?

SIGNOS Y SÍMBOLOS RETÓRICOS

El lenguaje corporal refleja nuestra relación con el público. Por escrito hay que valerse de otros métodos para señalar quién eres y qué sientes.

Los signos de exclamación, por ejemplo. ¡Úsalos! Pero hazlo con moderación. Así, serán una especia que dé sabor pero no estropee el guiso. Y hay algunas cosas que es mejor evitar:

¶ Escribir en MAYÚSCULAS es como gritar en un vagón de tren el sábado por la noche.

¶ ¿Colores? Ni hablar.

¶ ¿Subrayados? No.

¶ La **negrita** y la *cursiva* se pueden usar. Con criterio.

¶ Emojis y *gifs*. Hace diez años la mayoría te diría que... ¡no! Hoy: si es para un buen compañero de trabajo o alguien cercano en una comunicación informal, una carita sonriente puede venir bien. ¿De lo contrario? No.

¶ ¿Maldiciones, juramentos y groserías? Tiene que estar muy bien justificado. Sí, las malas palabras existen y son parte de nuestro idioma, pero estaría fuera de lugar que incluyeras alguna para decirle a tu jefe lo contento que estás de formar parte del nuevo proyecto.

Descifra el código
Diez consejos para escribir mejor

1. DESCUBRE LO QUE QUIERES CONSEGUIR, quiénes son tus lectores, cuál es tu mensaje y qué estilo vas a utilizar. ¿Cuál es la situación aquí y ahora? ¿Por qué escribes? ¿Para informar? ¿Para convencer? ¿Para disculparte? ¿Para explicar algo? ¿Para implicar al público? ¿Para preguntar? ¿Qué canal estás utilizando? ¿Hay alguna regla formal que tengas que seguir?

2. LLEGA ENSEGUIDA A LA IDEA PRINCIPAL: a la frase más importante. Llegarás más fácilmente a tu público objetivo si el lector sabe de qué trata el texto y cuál es el mensaje principal.

3. MUESTRA LA ESTRUCTURA para que tus lectores tengan una perspectiva general. El titular nos da la esencia. Fragmentos cortos. Subtítulos.

4. SÉ BREVE. Selecciona tus ideas principales. Usa palabras, frases o fragmentos cortos, pero escribe también párrafos con frases más largas. Así mejorarás el ritmo. Escribe un máximo de veinticinco palabras en cada frase. Una de cada ocho frases debe tener cinco palabras o menos. Nunca uses más de tres preposiciones en una misma frase.

5. USA ABUNDANTES PUNTOS. Di lo que tengas que decir. Luego di lo siguiente. ¡Las ideas, de una en una!

6. SÉ CONCRETO. Usa palabras que describan con precisión. Llama a las cosas por su nombre, sin rodeos. Formula tus pensamientos de una manera que no haga dudar al lector. "A largo plazo" no nos dice

gran cosa. "Durante los próximos diez años" es más preciso.

7. HAZLO SENCILLO. No sobrevalores el conocimiento de tus lectores. No infravalores su inteligencia. Mantente al margen de los lugares comunes, la jerga y las palabras de moda: en relación con, suboptimizar, implementar, enfocarse, robusto. No te compliques más de lo necesario. Tacha ocho de cada diez adverbios y adjetivos. Mantén los que den vigor al texto.

8. ESCRIBE EN VOZ ACTIVA. Los verbos mueven el mundo. Escribe con frases sencillas y completas. Siempre que puedas, comienza con quién hace qué y después ocúpate del qué: "El gobierno piensa que es erróneo..."; "me gustaría que..."; "puedes mandarnos un...". No amontones sustantivos y preposiciones. Reescribe las frases con verbos. No digas: "Después de revisar la cuestión a la luz de la complejidad del caso, la conclusión es que...". Mejor di: "Hemos revisado el caso y concluimos lo siguiente:".

9. ESCRIBE BIEN.

10. LA PUNTUACIÓN CREA ORDEN, fluidez y claridad. Exclamaciones. ¡Ojo! Paréntesis: detienen el flujo del discurso. Comas: reproducen el sonido de tu voz interior.

LISTA DE COSAS QUE DEBES TENER EN CUENTA A LA HORA DE EDITAR

El objetivo: asegúrate de que el lector comprenda por qué escribes. El objetivo tiene que quedarle claro al lector al principio del documento. Tiene que comprender claramente por qué debería leer el texto y para qué tiene que usarlo.

Los lectores: ¿comunica el texto que los lectores son importantes, que el texto está escrito para un receptor y no para el emisor?

La situación: ¿se adecúan el contenido, la forma y el tono al tiempo, el canal, el modo de distribución y el punto de partida a tu escritura y a lo que requiere el tema?

El contenido: ¿das suficiente información? ¿Hay que añadir o eliminar algo? ¿Funcionan todos los argumentos y ejemplos que das? ¿Has comprobado que todos los datos sean ciertos? ¿Has presentado la información de manera precisa?

La organización: ¿es clara y lógica la estructura del texto? ¿Tienen los párrafos una longitud suficiente? ¿Tiene cada uno de ellos una idea principal? ¿Has puesto un título y varios subtítulos que transmitan eficazmente el contenido del texto? ¿Facilita el diseño que el mensaje se transmita con fluidez?

El lenguaje y el estilo: ¿has escrito un texto que se adecúe al lector? ¿Atrapa el título al lector? ¿Le hace avanzar la primera frase? ¿Tienen las frases coherencia, fluidez y desarrollo? ¿Has escogido las palabras correctas? ¿Se pueden eliminar palabras y frases innecesarias?

La ortografía y la gramática: ¿son las frases correctas y lógicas? ¿Están bien escritas las palabras? ¿Contribuye la puntuación a que el texto tenga un buen ritmo y se entienda?

EL CORREO ELECTRÓNICO: EL TEXTO DE TRABAJO MÁS IMPORTANTE

Antes la cosa era así: escribías una carta con lápiz y papel o con una máquina de escribir. Después metías la carta en un sobre, comprabas un sello y llevabas la carta a la oficina de correos.

Los correos electrónicos son un regalo. Hacen que la comunicación se vuelva más sencilla y efectiva, y nos hemos aferrado apasionadamente a las posibilidades que nos ofrecen. En 2022, cuatro mil millones de usuarios enviaron trescientos treinta mil millones de correos electrónicos al día.[102] Cada uno de nosotros dedica una media de casi dos horas al día a leer, responder o redactar *emails*. El 28 % de la jornada laboral.

Los correos electrónicos han sustituido a las cartas, pero también han asumido tareas que antes se llevaban a cabo en persona o por teléfono. Como el camino que va de la idea al botón de enviar es tan corto, es necesario pasarlo bien antes de enviar un correo electrónico. ¿Seguro que este es el canal adecuado?

Si el asunto es muy personal o emotivo, es mejor que transmitas esa información cara a cara o por teléfono.

Si estás muy implicado emocionalmente, deberías contar hasta mil antes de escribir. Luego, consúltalo con la almohada. Después de eso, ya puedes poner tus ideas por escrito. Un texto escrito no viene acompañado de expresiones faciales ni de la voz, así que no se puede matizar, ajustar ni aclarar nada mientras el receptor nos lee. Por lo tanto, conviene que no recurras al sarcasmo o la ironía.

---

102. En el sitio *Statista.com,* puede consultarse el dato de la cantidad de *emails* enviados en 2025.

Si lo que estás escribiendo requiere una respuesta inmediata o algún tipo de conversación, la comunicación directa es la mejor opción.

Si lo que vas a escribir es confidencial, elige otro medio. Los correos electrónicos pueden compartirse fácilmente y se quedan guardados de aquí a la eternidad.

Los correos electrónicos son muy aptos para la información específica que ha de llegar con rapidez a su destinatario, que se puede distribuir ampliamente y que se puede guardar y archivar.

Un correo electrónico es texto, pero al mismo tiempo su formato invita a una comunicación que se acerca bastante a la comunicación oral informal. Si escribes con la dirección de correo electrónico de tu trabajo y con firma de la empresa, debes mantener un estilo formal. Estás escribiendo en nombre de alguien, y todo lo que digas afectará tu reputación. Si escribes *emails* mal organizados, llenos de errores tipográficos y oraciones incompletas, el lector podrá pensar que ese es tu estilo y el del lugar donde trabajas.

Algunas personas aún escriben cartas tradicionales que envían como archivo adjunto a un correo electrónico. Al destinatario le resulta engorroso tener que abrir ese archivo. Por lo tanto, debes tener un muy buen motivo para enviar una carta como adjunto. Los requisitos legales son uno de ellos.

P. D. ¿Qué sientes cuando te envían una carta y te llega al buzón, dirigida a ti y solo a ti en un papel metido dentro de un sobre que el emisor ha llevado a la oficina de correos? Si tienes algo dentro que quieres compartir con alguien, una postal o una carta manuscrita causarán una mayor impresión que un correo electrónico, un mensaje o un comentario en Facebook. Si escribes una posdata debajo de la firma, el receptor la leerá. Y lo mismo sucede con los correos electrónicos.

Descifra el código
Once consejos para escribir mejores emails

1. Antes que nada, piensa: escribir *emails* es fácil, por eso la mayoría de la gente escribe demasiados y se pasa con la longitud. El triángulo mágico también se aplica a la redacción de correos electrónicos: ¿por qué motivo escribes? ¿A quién te diriges? ¿Cuál es la situación y el punto de partida antes de escribir? ¿Cuál es tu mensaje principal?

2. Escribe un asunto informativo. El receptor recibe veinte, setenta o ciento veinte correos electrónicos al día. El texto del asunto tiene el cometido de que la persona que lo reciba sepa por qué te diriges especialmente a ella. Con pocas palabras, el texto tiene que contar de qué se trata el correo electrónico.

3. Un correo electrónico es una carta. Las cartas empiezan con un saludo. La frase que vayas a usar depende del tipo de correo electrónico que te dispongas a escribir. Los correos formales deben incluir un saludo formal, igual que una carta en papel. Cuando escribes correo informal a tus contactos, en Noruega somos tan informales que nos limitamos a saludar con un simple "hola".

4. Escribe una introducción convincente. Usa las primeras veinte o treinta palabras para resumir lo que está por llegar. ¿Quién eres? ¿Por qué escribes? ¿En qué consiste el asunto? ¿Qué debería hacer el lector?

5. Sé breve. La pantalla no es adecuada para párrafos largos. Lo mejor es que el *email* completo quepa en la pantalla.

6. Escribe bien. Un correo electrónico debe tener frases completas unidas entre sí de manera lógica. Pon títulos de sección para ofrecer al receptor una visión general de lo que tienes que decir. Las listas también funcionan. La mayoría de la gente lee los correos en diagonal y los subtítulos, junto con el asunto y la introducción, son lo que convencerá al receptor de que lo que le envías es prioritario. Escribe las palabras enteras y, si recurres a las abreviaturas, explícalas la primera vez que las uses. Comprueba que hayas escrito el nombre correctamente. Cuida la ortografía y la puntuación.

7. Escribe un cierre. Las breves frases de cierre pueden aclarar al lector lo que quieres que haga. ¿Contestar? ¿Comentar? ¿Reenviar?

8. Termina con una despedida adecuada, tu nombre y, si corresponde, tu puesto. "Un cordial saludo" es una fórmula segura. "Bss" demuestra que el remitente no se toma en serio el correo.

9. Revisa los documentos adjuntos. ¿Los puede abrir el receptor? ¿Funcionan los enlaces que has insertado en el texto?

10. No hagas clic en enviar. Revisa el correo. Comprueba que la forma y el contenido te vayan a parecer bien al día siguiente. ¿Están bien el tono y el estilo? ¿Has escrito algo que pueda generar malentendidos? Deberías dejar reposar el texto antes de enviarlo,

sobre todo si tienes una fuerte implicación emocional con lo escrito.

11. No lo envíes a diestra y siniestra. Si alguien tiene que recibir tu correo en copia, inclúyelo, pero con sentido crítico. Recibir correos que no necesitamos es una pesadilla de la vida laboral y solo sirve para irritarnos y robarnos tiempo.

ESCRIBIR PARA INTERNET

Escribe artículos, entradas de blog y otros textos para Internet de la misma manera que acostumbras a escribir en cualquier otro medio. Es decir, tienes que planificar y llevar a cabo tu escritura del mismo modo en que haces con cualquier cosa que escribas por trabajo. Los consejos generales para captar la atención de tus lectores y que entiendan lo que quieres decir se aplican igual o más que en cualquier otro momento cuando escribes textos para Internet.

Leo en diagonal, así que tienes que escribir para que el texto me atrape. Necesito comprender inmediatamente de qué se trata el asunto y por qué tengo que leer tu texto con atención.

Soy impaciente. El título y la introducción deben transmitir con claridad lo que tienes en mente, para conseguir que yo quiera seguir leyendo.

Quiero tener una visión general. Ocúpate de que la estructura me dé una visión de conjunto a través de subtítulos, listas y la forma en la que está maquetada la página.

LO VISUAL: SENCILLO

Si no te dedicas a la tipografía (e incluso si eres tipógrafo o diseñador gráfico de profesión), deberías seguir dos máximas sobre el aspecto de tu documento: 1) cuanto más sencillo, mejor; 2) menos es más.

1. Tu texto tiene que estar escrito negro sobre blanco. Aléjate de los colores y de los negativos (blanco sobre negro). No pongas texto encima de una fotografía.

2. Las tipografías o fuentes más comunes se usan tanto porque son las mejores. Evita las más raras y divertidas.

3. El tamaño de la letra ha de ser suficiente. En documentos normales, 11 o 12 puntos funcionan bien. Los títulos y subtítulos pueden ser más grandes.

4. La cursiva deja claro que *Alguien voló sobre el nido del cuco* es el título de una película. **La negrita** indica que algo es muy importante.

5. Los espacios y las líneas en blanco marcan cómo organizas las ideas.

6. LAS MAYÚSCULAS (VERSALES) SON DIFÍCILES DE LEER Y HAN DE UTILIZARSE CON MESURA. NO ESCRIBAS CON LA TECLA DE BLOQUEO DE MAYÚSCULAS ACTIVADA.

7. La empresa para la que trabajas probablemente tenga una identidad gráfica establecida que dicta el aspecto que han de tener las cartas, los correos electrónicos y demás. Sigue las directrices, pero si la identidad gráfica perjudica la claridad del texto, comunícalo.

Los diez mejores consejos para un redactor de discursos

"**L**A RESPUESTA A LA violencia es más democracia todavía. Más humanidad. Pero nunca ingenuidad". Noruega no olvida las palabras que el primer ministro Jens Stoltenberg pronunció el 22 de junio de 2011 a las 22:30. Las había redactado Hans Kristian Amundsen.

El secretario de Estado Amundsen estaba de excursión en las montañas de Gratangen, en el Ártico noruego, cuando recibió la noticia de un atentado terrorista en el que habían muerto 77 personas, la mayoría de ellas, jóvenes socialdemócratas que estaban reunidas en un seminario. A las 19:10 estaba en el vuelo DY238 con destino a Oslo.

Tenía una hora y cuarenta minutos para escribir el discurso más importante de su vida. Hizo un breve esquema.

1. Definir la situación, poner en palabras lo sucedido.
2. Enviar un mensaje a los perpetradores.
3. Dirigirse al pueblo noruego. Transmitir seguridad.

Buscó las palabras y las encontró: un lenguaje sencillo, frases cortas, imágenes fáciles de comprender. Cuando Amundsen aterrizó en Gardermoen, puso el punto final.

En el taxi hacia el centro, llamó a su mujer Karen Marie Berg para comprobar si las palabras funcionaban de manera oral.

Ella le respondió con un sí rotundo.

Más tarde, el primer ministro convocó una reunión de emergencia para revisar el discurso, y él mismo se encargó de los últimos retoques. Justo antes de que Stoltenberg se dispusiera a dar su discurso, llegó la pregunta: ¿con bandera o sin bandera? ¡Con bandera!

No hay que escatimar en símbolos.

Más tarde, Hans Kristian Amundsen escribió la historia de los muchos discursos que escribió para el primer ministro del 22 de julio al 21 de agosto de 2011, pero murió repentinamente el verano de 2018 antes de terminar la tarea. Karen Marie Berg y Jens Stoltenberg completaron lo que después se publicaría con el título de *Vi er et lite land, men et stort folk* [Somos un país pequeño, pero un pueblo grande], que cuenta la historia de lo que ocurrió en el despacho del primer ministro, pero también ofrece algunos consejos.

A continuación hay diez lecciones que podemos extraer del discurso del 22 de julio de Hans Kristian Amundsen:[103]

1. En primer lugar: haz un análisis de la situación. ¿Dónde estamos ahora? ¿Qué tenemos que saber?

---

103. Hans Kristian Amundsen, *Vi er et lite land, men et stort folk. Slik samlet vi Norge 22. juli-21. august 2011,* Juritzen, 2018. Con aportaciones de Karen Marie Berg y Jens Stoltenberg.

2. Tienes que entender e interpretar a tu público en cada discurso. Cada público tiene sus requisitos y necesidades, cada ocasión cuenta con sus propios retos y exigencias.

3. Busca la frase sobre la que pueda descansar todo el discurso. Amundsen se sintió satisfecho cuando encontró esta: "El mal puede matar a una persona, pero nunca conseguirá derrotar a un pueblo". Esta es la frase que se va a citar, constató. A menudo se puede encontrar inspiración en la poesía: "La poesía es una cámara del tesoro para quienes escriben".

4. Busca una microhistoria: "Contar algo con personas como protagonistas fortalece el mensaje. La historia cobra vida y se recuerda mejor".

5. Frases cortas, imágenes sencillas y palabras adecuadas: "Pesamos cada palabra en una balanza bien calibrada".

6. ¡Repite! Repite el mensaje principal y repite palabras y frases: "Cada vela nos ha dado calor. Cada pensamiento nos ha consolado. Cada rosa nos ha dado esperanza".

7. El tres es un número mágico... "Esperanza, consuelo y apoyo". "Me impresiona la cantidad de dignidad, cuidado y firmeza con los que me he encontrado". "Seguimos en un país marcado por el duelo. Seguimos enterrando a nuestros muertos. Seguimos teniendo heridos graves en los hospitales". "Lloramos a nuestros muertos, sufrimos con los heridos y nos solidarizamos con sus familias".

8. Los contrastes también funcionan, como en la declaración de una joven que fue testigo de la masacre:

"Si un hombre puede causar tanto dolor, imagínense cuánto amor podemos crear todos juntos". O, en palabras de Amundsen: "Somos un país pequeño, pero un pueblo grande".

9. Los sentimientos se pueden manejar: "Lleva algo que puedas toquetear, un clip o un bolígrafo, algo que haga daño, por si te sientes sobrepasado por las emociones en el estrado".

10. La presentación tiene que ser buena: "Jens lo consiguió. En conclusión, fue un buen discurso, con el énfasis en las palabras adecuadas, levantando la vista a intervalos regulares para transmitir control. Estaba implicado con el texto e hizo las pausas necesarias".

Escribir un discurso consiste en encontrar las palabras adecuadas para el momento preciso, las palabras que mejor encajen con el objetivo de ese discurso en particular, con el público y el contexto en el que se enmarca.

Trucos retóricos

LO CONTRARIO DE LA retórica no es la verdad. Lo contrario es la violencia. Aun así, la retórica es la oveja negra de las disciplinas clásicas. Esta disciplina y artesanía (a veces incluso arte) se ha observado con desconfianza durante varios miles de años. ¡Pura cosmética! ¡Trucos para engañar a la gente! Una disciplina que los déspotas han utilizado para seducir, desde los dictadores romanos hasta Adolf Hitler y Vladímir Putin.

Ya nuestros héroes Aristóteles y Cicerón hacían hincapié en que la retórica es una parte necesaria de una sociedad democrática, una alternativa a la guerra y la opresión, y Quintiliano decía que nadie puede ser un orador veraz sin ser buena persona. Una sociedad fundada en que los desacuerdos tienen que solucionarse con palabras depende de ciudadanos con capacidad retórica que puedan exponer sus argumentos de manera convincente y honesta. Algunas de las propuestas que nos presentan estos ciudadanos las aplaudimos, otras las aceptamos con reservas, otras nos generan escepticismo y otras nos resultan repugnantes. Como ciudadanos con capacidad retórica, debemos ser capaces de evaluar críticamente la retórica de los demás. Es una suerte que no estemos de acuerdo en todo, y tenemos que ser capaces de soportar muchas opiniones estúpidas o desagradables, pero debemos estar alerta cuando alguien intenta influirnos con trucos retóricos. Debemos tener cuidado con los falsos profetas y hemos de resistir la tentación de convertirnos en charlatanes retóricos.

Jennifer Mercieca analizó la campaña electoral de Donald Trump durante un año y medio entre 2015 y 2016. Su libro se titula *Demagogue for President: The Rhetorical Genius of Donald Trump.*[104] El presidente de Estados Unidos habla con un lenguaje sencillo que todo el mundo entiende. Corto. Claro. Conciso. Despierta ira y frustración en la gente y conecta con sus seguidores, a quienes alimenta con críticas al políticamente correcto sistema establecido en Estados Unidos. Su discurso se enmarca en la idea de que él es un soldado que va en busca de la verdad y que lo que es bueno para él es bueno para Estados Unidos. Mercieca define a Trump como un demagogo, ya desde el título del libro: *Demagogue for President.* Los demagogos juegan con los sentimientos y prejuicios de la gente. Algunos también hacen uso de la violencia, como Hitler y Mussolini. Trump no. Él se vale de la palabra. La autora utiliza el análisis de Polifact de 342 declaraciones hechas por Trump a finales de 2016. El 85 % de esas declaraciones fueron clasificadas como parcialmente ciertas, mayormente falsas, engañosas o falaces.

Jennifer Mercieca sitúa la retórica de Trump en seis estrategias:

1. Apelación a las masas *(argumentum ad populum)*: "¡Ustedes tienen razón, las élites se equivocan!". Mercieca afirma que esta estrategia se puede

---

104. Jennifer Mercieca, *Demagogue for President. The Rhetorical Genius of Donald Trump,* Texas A&M University Press, 2020.

desmontar de la siguiente manera: el argumento no es válido si solo se usa para apoyar una idea.

2. Excepcionalismo estadounidense: Trump acusó al resto de los políticos de no priorizar ni a Estados Unidos ni al pueblo estadounidense.

3. Digo, pero no digo (paralipsis: "No digo eso, lo que digo es"). La técnica es decir algo, pero negar que lo estás diciendo. Así es como se difunden los rumores y acusaciones sin tener que presentar ninguna documentación. La estrategia de Trump consiste en retuitear mensajes, pero luego se lava las manos diciendo que eso es todo lo que ha hecho. ¡No lo ha escrito él! Así evade su responsabilidad. Trump utilizó este método contra el resto de los candidatos republicanos a la presidencia, difundiendo rumores sin decir nada directamente, pero citándolos o retuiteándolos.

4. Ataques personales *(argumentum ad hominem)*: un ataque personal en lugar de un argumento. Un ejemplo es el ataque de Trump a un periodista con discapacidad del *New York Times*.

5. Amenazas de uso de fuerza *(argumentum ad baculum)*: Trump usa esta estrategia con periodistas y medios de comunicación.

6. Cosificación: tratar a las personas como objetos, no como seres humanos. Las descripciones de Trump sobre los refugiados musulmanes son un ejemplo de ello.

Pero existen muchos otros trucos en el repertorio de un charlatán:

Falacias lógicas…

"Si el primer ministro miente, caerá en las encuestas".

"El primer ministro cae en las encuestas".

"Por lo tanto, miente".

La conexión temporal se convierte en una conexión causal *(post hoc, propter hoc)…*

"La semana pasada estaba convencido de que Noruega ganaría. Noruega ganó. Así que puedo influir en el resultado de los partidos de fútbol con el poder de mi mente".

Las premisas no se sostienen: aunque la conclusión sea correcta desde un punto de vista lógico, las premisas no son ni veraces ni relevantes.

Errores estadísticos *(cum hoc ergo propter hoc):* las estadísticas son convincentes, sobre todo si los resultados se presentan con cifras detalladas, pero pueden malinterpretarse. La muestra a partir de la cual se hacen generalizaciones puede no ser representativa, o la correlación estadística puede confundirse con una causalidad: "Nueve de cada diez personas que consumen el remedio milagroso X se sienten más sanas unas semanas más tarde. Por lo tanto, el remedio funciona".

Falacia del hombre de paja: no se refuta lo que ha dicho una persona, sino una versión extrema de sus argumentos. El danés Piet Hein decía que consiste en imponer a las personas una opinión que todo el mundo comprende que es absurda.

Distracción: utilizar elementos que no vienen al caso para desviar la atención de lo importante.

Fiarse de autoridades sin autoridad en un campo determinado *(argumentum ad verecundiam):* citar fuentes fiables otorga credibilidad, pero este argumento puede usarse de forma indebida. "El profesor NN opina que la extracción de petróleo en el mar de Barents es segura". Si NN es profesor de lingüística, el argumento se ve afectado por el uso falaz de la autoridad.

Falacia de asociación: vincula al oponente con algo muy negativo y señala las similitudes entre el oponente y lo negativo. El ejemplo clásico es el argumento nazi *(reductio ad Hitlerum):* "Hitler era vegetariano. Hitler era malo. Por lo tanto, el vegetarianismo es malo".

Preguntas tendenciosas: las premisas están implícitas en la pregunta. Cuando la otra persona responde, acepta de forma indirecta las premisas. Un ejemplo clásico: "¿Vas a dejar de pegarle a tu mujer?".

O bien esto, o bien lo otro: el tema se reduce a dos alternativas.

Al igual que los filósofos antiguos, a sus colegas del siglo XX también les preocupaba que el discurso público fuera objetivo y decente.[105] En Alemania, Jürgen Habermas (n. 1929) desarrolló tres condiciones para las situaciones comunicativas:

1. Claridad y objetividad lingüísticas.

2. Igualdad (todo el mundo tiene derecho a argumentar)

3. Reconocimiento mutuo (cada una de las partes escucha los argumentos de la parte contraria).

---

105. La mención a Næss y Habermas también se ha tomado de Berit Skorstad, Per-Bjarne Ravnå y Birgit Røe Mathisen, "Akademisk kommunikasjon: den vitenskapelige dialogen, undervisning og forskningsformidling", en Carina Fjelldal y Anders Örtenblad (eds.), *Faglig kommunikasjon i praksis,* Universitetsforlaget, 2018.

Además, Habermas estableció cuatro requisitos para la comunicación: debe ser comprensible, veraz, sincera y justa.

¡MANOS A LA OBRA!

El filósofo Arne Næs (1912-2009) desarrolló una doctrina de la objetividad que, en la segunda mitad del siglo pasado, formaba parte del programa de estudios de todas aquellas personas que cursaran estudios universitarios. La palabra clave de Næss era "tendenciosidad".

¶ Evita las conversaciones secundarias tendenciosas: habla del tema, no de la otra parte.

¶ Evita las interpretaciones tendenciosas: cita correctamente y en el contexto adecuado.

¶ Evita la ambigüedad tendenciosa: redacta de forma clara e inequívoca.

¶ Evita el uso tendencioso de falacias del hombre de paja: no interpretes una versión extrema de las opiniones de la otra parte.

¶ Evita las representaciones tendenciosas: presenta los hechos correctamente.

¶ Evita el diseño tendencioso del contenido: presenta el contenido de una manera retóricamente correcta, pero sin que el público olvide la seriedad del tema en cuestión.

LOS MEJORES CONSEJOS PARA DEBATIR DE SHABANA REHMAN

Shabana Rehman, miembro de la Comisión para la Libertad de Expresión del gobierno noruego, lleva más de veinte años activa en la vida pública como monologuista, dramaturga y escritora. La comisión le pidió sus mejores consejos para aquellas personas que quieran contribuir al debate público. Aquí están algunos de ellos:[106]

Lo público nos pertenece a todos. Tu voto, independientemente de tu origen, cargo o punto de vista, forma parte de nuestra democracia.

¶ El tiempo y la práctica te hacen más resistente a las críticas y los ataques. Tener paciencia y una visión de futuro pueden ayudarte a superar los malentendidos que puedan ir surgiendo.

¶ Puedes ponerte triste y sentirte herido cuando te hacen una crítica. No está mal, es algo natural, eres humano. No está prohibido ofenderse, pero la ofensa no es una excusa para censurar a nadie que no seas tú mismo.

¶ Algunas personas tienen muy poco respeto y no parecen ser conscientes del daño que pueden hacer sus palabras.

¶ No hace falta que leas todas las opiniones que la gente tiene sobre ti. Practica el autocuidado.

---

106. *En åpen og opplyst samtale. Ytringsfrihetskommisjonens utredning*, Informes Públicos de la ONU de Noruega, núm. 9, 2022, p. 23.

¶ Algunas personas usan Internet como si fuera su contenedor de basura. No tiene nada que ver contigo.

¶ Puede ser abrumador, sobre todo si eres joven. Puede afectar a la imagen que tienes de ti mismo. Aférrate a ti mismo y quienes sabes que te quieren. Tienes derecho a tomarte un descanso.

¶ No sufras más de lo necesario. Si te excedes, quien enferma eres tú, no quienes te están atacando.

¶ Pide ayuda a tus amigos, a tus compañeros de trabajo y a otras personas que puedan ayudarte, pero evita a quienes te digan que eres una víctima. Identificarte como víctima a tiempo completo no sirve para nada.

¶ Establece límites. Tienen que ser los mismos en el mundo digital y en el mundo real.

¶ Algunos debates llevan tiempo. Algunas personas se proyectan hacia el futuro, otras temen el cambio. Seamos generosos. La libertad, la transparencia y la información siempre se abren paso.

Más que leer, más que aprender

Retórica clásica

Øivind Andersen, *I retorikkens hage*, Universitetsforlaget, 2018. Un análisis exhaustivo del antiguo arte de la oratoria. Tiene un enfoque teórico, pero que también ofrece ejemplos concretos. En noruego.

Aristóteles, *Retórica*, trad. de Quintín Racionero, Gredos, 1990.

Cicerón, *How to Win an Argument. An Ancient Guide to the Art of Persuasion*, Princeton University Press, 2016.

Cicerón, Quintiliano, Tácito, *Romersk retorikk*, intr. y trad. al noruego de Hermund Slaattelid, Det Norske Samlaget, 2009.

Jens E. Kjeldsen, *Tale med billeder – tegne med ord. Det visuelle i antik retorik og retorikken i det visuelle*, Scandinavian Academic Press / Spartacus, 2011.

John Martineau (ed.), *Trivium*, Bloomsbury USA, 2016. Repasa las tres primeras partes de la formación en la Edad Media: gramática, lógica y retórica.

Laurent Pernot, *Rhetoric in Antiquity*, The Catholic University of America Press, 2005.

Retórica a Herenio, intr., trad. y notas de Salvador Núñez, Gredos, 1997.

Libros de cabecera sobre retórica

James A. Herrick, *The History and Theory of Rhetoric*, Routledge, 2018. Repaso sistemático de todas las épocas de la retórica y sus teorías correspondientes, desde los inicios hasta nuestros días.

Jens E. Kjeldsen, *Hva er retorikk*, Universitetsforlaget, 2014. Una rápida introducción.

—, *Retorikk i vår tid*, Spartacus, 2019. Una introducción a la teoría retórica moderna. Clásicos sólidos sobre perspectivas retóricas actuales de la comunicación y el lenguaje.

Algunos buenos consejos

Alyssan Barnes, *Rhetoric Alive! Book 1: Persuasion*, Classical Academic Press, 2016. Libro de texto estadounidense con la retórica de Aristóteles como base.

Marianne Dainton y Elaine D. Zelley, *Applying Communication Theory for Professional Life. A Practical Introduction*, Sage, 2019. Un libro de ciencias de la comunicación sobre 36 teorías y maneras en las que se pueden aplicar en la práctica.

Kåre Kverndokken (ed.), *101 måter å fremme muntlige ferdigheter på – muntlig kompetanse og muntlighetsdidaktikk*, Fagbokforlaget, 2017. Multitud de consejos y ejercicios útiles para mejorar la comunicación oral.

Stephen E. Lucas, *The Art of Public Speaking*, McGraw-Hill Education, 2020. Tercera edición de un clásico y exhaustivo y detallado. Muchos textos a modo de ejemplo.

Kelly M. Quintanilla y Shawn T. Wahl, *Business and Professional Communication*, Sage Publications, 2017. Programa de estudios integral para estudiantes de comunicación en Estados Unidos.

Gianluca Sposito, *The Keys of Legal Rhetoric*, Intra, 2020. ¡Especialmente para juristas!

Ryan N. S. Topping, *The Elements of Rhetoric. How to Write and Speak Clearly and Persuasively*, Angelico Press, 2016. Manual práctico y conciso con énfasis en el lenguaje, el estilo y la oratoria.

Alza la voz

Fletcher Dean, *10 Steps to Writing a Vital Speech. Vital Speeches of the Day*, McMurry, 2011. Un conciso libro estadounidense con muchos consejos prácticos.

Jens E. Kjeldsen, Amos Kiewe, Marie Lund y Jette Barnholdt Hansen, *Speechwriting in Theory and Practice*, Palgrave Macmillian, 2019. La teoría del arte de la oratoria con muchos consejos prácticos concretos.

Para escribir mejor

Yellowlees Douglas, *The Reader's Brain: How Neuroscience Can Make You a Better Writer*, Cambridge, 2016. Nos enseña a escribir de una forma que agrada al cerebro.

Bård Borch Michalsen, *Skriv bedre*, Spartacus, 2017.

—, *Signos de civilización. Cómo la puntuación cambió la historia*, trad. de Christian Kupchik, Godot, 2022.

—, *Verbene som beveger verden*, Spartacus, 2020.

Si sabes italiano

Bice Mortara Garavelli, *Il parlar figurato. Manualetto di figure retoriche*, Editori Laterza, 2010.

—, *Manuale di retorica*, Bompiani, 2012.

Gianluca Sposito, *Le regole del discorso perfetto*, Intra, 2021.

Libros de referencia

Tormod Eide, *Retorisk leksikon*, Spartacus, 2004. Una obra fundamental para aquellas personas a quienes les interese la retórica.

Helge Ridderstrøm, *Bibliotekstudentens nettleksikon om litteratur og medier*, <www.litteraturogmedieleksikon.no>. Información diversa sobre lo que muchos han dicho y pensado sobre la retórica.

Descifra el código: la fórmula para un fiasco

1. No sabes ante quién vas a hablar ni durante cuánto tiempo, desconoces la ocasión y el contexto, y lo que quieres conseguir con lo que vas a decir. No estás preparado y así mismo es como comienzas tu discurso.

2. Hablas desde tu mundo y desde tu punto de vista.

3. Hablas de todo y de nada, sin foco y sin un mensaje principal, y muy poco sobre lo que te habían pedido y lo que esperaba el público. El discurso no tiene una estructura clara y se percibe como un popurrí verbal.

4. Has llevado un PowerPoint que no está hecho para la ocasión. No conoces las condiciones técnicas para presentar en ese lugar. Maldices en voz alta al no conseguir que se cargue la presentación.

5. La presentación está plagada de texto en amarillo sobre fondo rosa en una tipografía diseñada para invitaciones de cumpleaños infantiles en tamaño 10. Sin ilustraciones, pero con *gifs* que se asoman por los márgenes.

6. Lees el texto dando la espalda al público y no mantienes el contacto visual en ningún momento.

7. Lo que dices no tiene gran interés para el público, pero hablas durante demasiado tiempo. Cuando te cortan, dices que terminas enseguida y te alargas quince minutos más.

8. Usas un lenguaje que no se adapta al público, utilizas vocabulario técnico y abreviaturas que el público desconoce. El nivel es demasiado elevado o demasiado simple.

9. El estilo y el tema no son adecuados para la ocasión. No ofreces ningún ejemplo relevante. Hablas en voz baja y monótona y solo alzas la voz para ofender a alguien del público con chistes que a ti te hacen reír a carcajadas, pero que molestan al resto.

10. Haces trampa, usas trucos: sacas las estadísticas de contexto, recurres a datos dudosos y criticas la apariencia y la forma de hablar de las personas, no sus argumentos.

11. Concluyes el discurso doblando los papeles y diciendo: "Bueno, tengo otra reunión, ya hemos terminado y esto es todo lo que tenía que decir".

Índice

Queremos hacer libros
cada vez mejores. Para eso
necesitamos saber qué pensás.

Envianos un mail y contanos tu parecer:
info@edicionesgodot.com.ar

O respondé una breve encuesta:

Si este libro te gustó y nos querés ayudar,
te agradecemos que lo recomiendes
a tus amigas y amigos o en tus redes sociales.

Libro
compuesto en
tipografía Stempel
Garamond 11/14 creada
por Claude Garamond
en el siglo XVI en Francia,
versión de la fundición
Stempel en 1924.

www.edicionesgodot.com.ar
info@edicionesgodot.com.ar
Facebook.com/EdicionesGodot
Twitter.com/EdicionesGodot
Instagram.com/EdicionesGodot
YouTube.com/EdicionesGodot

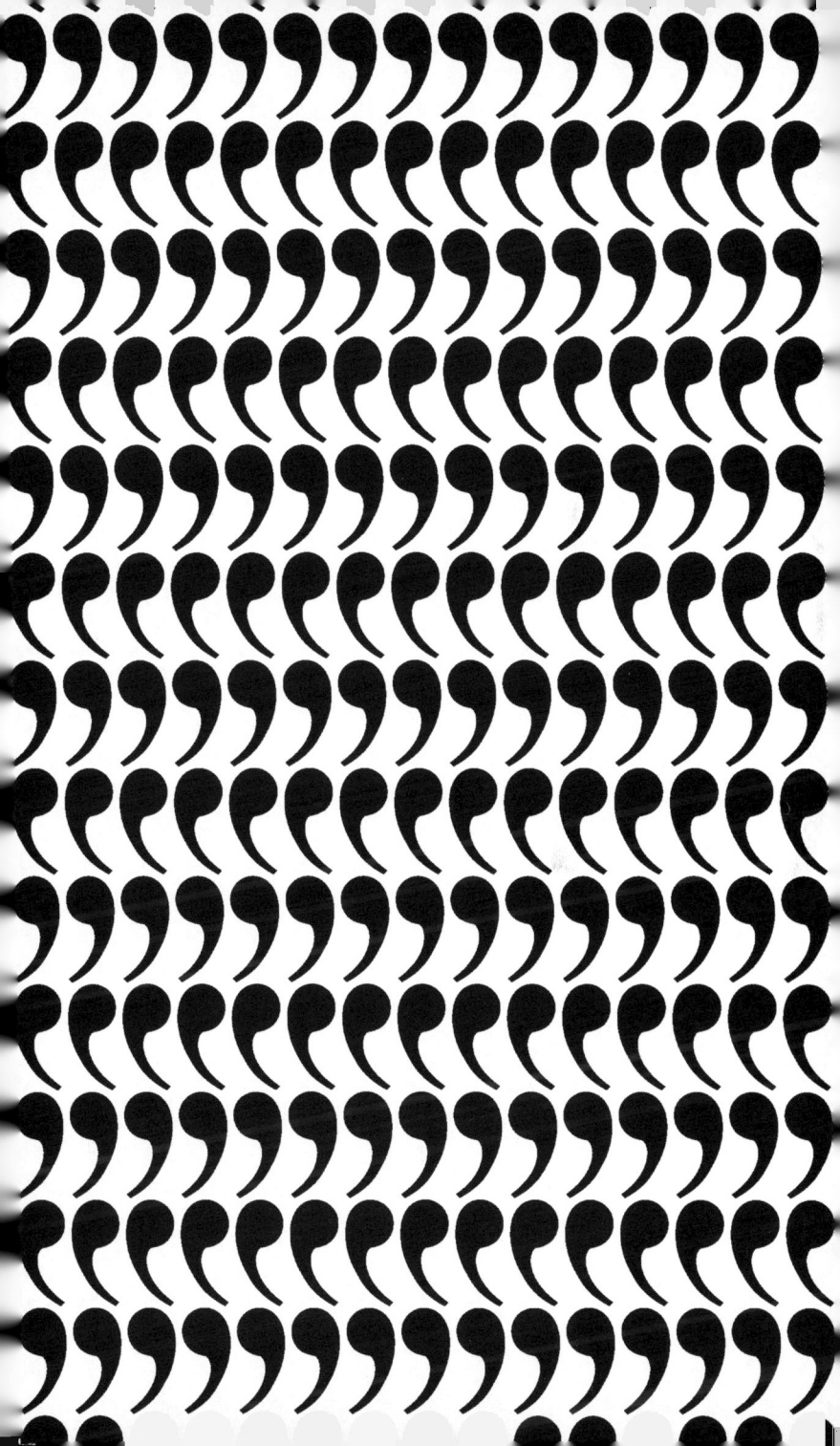

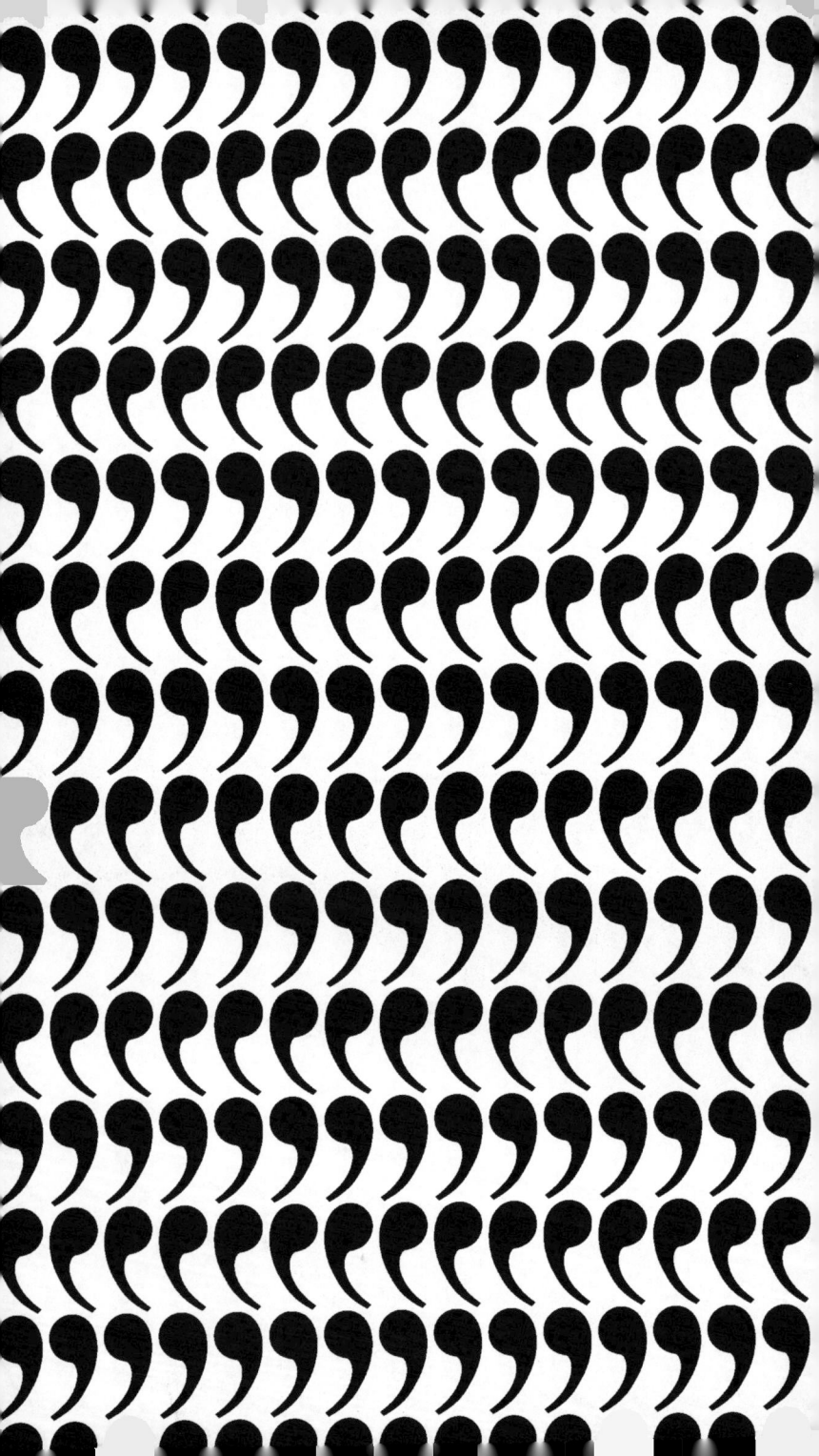